Die Veroneser Geschlechter der Montagues und der Capulets werden beherrscht von einem unstillbaren Hass gegeneinander. Ihre Kinder aber, Romeo und Julia, entdecken, dass sie füreinander bestimmt sind ...

Serge Prokofieffs berühmte Komposition, 1934 entstanden und bereits als Ballett angedacht, ist in ihrer Struktur eng mit der Shakespearschen Tragödienvorlage verbunden. Die Herausforderung, Shakespeare zu folgen und dem Geist seines Trauerspiels ohne dessen Wortsprache gerecht zu werden, haben die unterschiedlichsten Choreographen in vollstem Vertrauen auf Prokofieffs Partitur und die Theaterwirksamkeit des Stoffes angenommen. So ist »Romeo und Julia« bis heute eines der meistgespielten Ballette.

insel taschenbuch 2920
Serge Prokofieff
Romeo und Julia

Antonio Canova
AMOR UND PSYCHE

ROMEO UND JULIA

Ballett mit Prolog in zwei Akten
von Serge Prokofieff

Choreographie und Inszenierung
von Patrice Bart

Herausgegeben von der
Staatsoper Unter den Linden Berlin
Insel Verlag

Umschlagabbildung:
Antonio Canova, Amor und Psyche

Text- und Bildredaktion:
Dr. Christiane Theobald und Annegret Gertz

insel taschenbuch 2920
Erste Auflage 2002
Für diese Ausgabe:
© Insel Verlag Frankfurt am Main und Leipzig 2002
Hinweise zu dieser Ausgabe am Schluss des Bandes
Vertrieb durch den Suhrkamp Taschenbuch Verlag
Druck: Konkordia, Bühl
Printed in Germany

1 2 3 4 5 6 – 07 06 05 04 03 02

INHALT

Italien. Mitte des 18. Jahrhunderts
SATYR UND NYMPHE

APROPOS »ROMEO UND JULIA«
Alle Lust will Ewigkeit
Christiane Theobald

In Tristan und Isolde, Ariadne und Theseus, Heloïse und Abaelard haben sich schon unzählige Liebespaare wieder gefunden, denn ihre Liebesgeschichten stehen für die Unbeugsamkeit der Liebe trotz widriger Umstände, bis hin zum Tod. Von den Liebestragödien und Liebestoden, die Literatur und Bühne kennen, ist *Romeo und Julia* wohl die bekannteste. Was aber ist so faszinierend an dieser tragischen Liebesgeschichte? Sicherlich ist es die Reinheit der Herzen und die Leidenschaftlichkeit der Liebenden, die alles versuchen, um die Schwierigkeiten, die sich ihnen in den Weg stellen, zu überwinden, sowie die große Hoffnung des Zuschauers, des Lesers, dass die Liebe nicht mit dem Tod endet, sondern vielmehr erst durch den Tod der Triumph der Liebe möglich wird. Allerdings befinden sich Romeo und Julia nicht allein in dem Spannungsverhältnis von Eros und Tod, sondern auch in dem permanent schwelenden Konflikt der heimlichen Liebesbeziehung. Immer wieder fühlen sich Künstler von dem Stoff inspiriert, auch das Kino greift auf das wohl bekannteste aller Shakespeare-Dramen zurück.

Das Ballett der Staatsoper Unter den Linden hat seinen programmatischen Schwerpunkt im abendfüllenden Handlungsballett, und so wird seit vielen Jahren in jeder Saison eine Klassiker-Neuinszenierung herausgebracht. Dabei ist es von Bedeutung, dass für das Ballett der Staatsoper Unter den Linden originär choreographiert und auf die Tänzerpersönlichkeiten eingegangen wird. Im Laufe der vergangenen Jahre wurden zahlreiche Kreationen der großen Ballett-Klassiker für das Ensemble geschaffen – und seit mindestens fünf Jahren ist die Compagnie in Erwartung von *Romeo und Julia.*

Der französische Choreograph Patrice Bart, der neben vielen andere Werken auch *Schwanensee* für das Ballett der Staatsoper Unter den Linden choreographiert hat, erzählt die Geschichte von *Romeo und Julia* als eine Erinnerung der Gräfin Capulet. Komik und Tragik wechseln sich ab, fröhliche Ausgelassenheit wird vom Streit der Adelsgeschlechter abgelöst, das Fest der Capulets, auf dem sich Romeo und Julia erstmalig begegnen, steht im Gegensatz zur Einsamkeit und Stille der Einsiedelei des Paters Lorenzo, wo sie sich heimlich trauen lassen. Tybalt, Mercutio, Benvolio, die Amme, sie alle sind ganz unterschiedliche und scharf gezeichnete Charaktere, in denen das Ballettensemble der Staatsoper Unter den Linden neben seinen tänzerischen Qualitäten einmal mehr auch seine Spielfreudigkeit unter Beweis stellen kann. Patrice Bart lässt die Figur des Romeo seine Melancholie und Sehnsucht ausleben, wohingegen Julia die Mutigere, die Aktivere des Liebespaares ist, und greift damit das Kräfteverhältnis auf, das auch bei Shakespeare zwischen den Figuren angelegt ist.

Romeo und Julia ist ein Bühnenstück, das auf der Wortsprache William Shakespeares beruht, doch muss das Ballett ohne Worte auskommen. Shakespeare ohne Worte, ist das überhaupt denkbar? Gefühle werden im Tanz deutlich durch die Körper, die sich im Raum bewegen und im Dialog mit der Musik Emotionen hervorrufen und zum Ausdruck bringen.

Die musikalische Vorlage stammt von Serge Prokofieff. Seine Vertonung zählt zu den bekanntesten *Romeo-und-*

Julia-Kompositionen überhaupt. Als vollständiges Ballett wurde sie erstmals 1938 in Brünn aufgeführt; die deutsche Erstaufführung von Prokofieffs *Romeo und Julia* fand 1948 an der Deutschen Staatsoper Berlin in der Choreographie von Tatjana Gsovsky statt. Lilo Gruber widmete sich an diesem Hause 1963 nochmals dem Stoff, und Hermann Rudolph kreierte seine Fassung des Liebesdramas für das Staatsopern-Ensemble 1981.

Aus der Überfülle von Material, Informationen und Fragen, die sich mit dem Stoff *Romeo und Julia* verbinden, haben wir eine Auswahl getroffen.

Die Entwicklungsgeschichte des Balletts *Romeo und Julia* zeichnet Horst Koegler nach. Er schlägt einen weiten Bogen vom Bühnentanz in der Shakespeare-Zeit über die Bedeutung des Tanzes bei Shakespeare selbst, bis zu den Geburtswehen des Prokofieff'schen Balletts, so wie wir es heute kennen.

Julia forever. Über die Nachspiele der Love-Story von Romeo und Julia und den Kult der Liebe titelt Iris Radisch ihren Artikel. Sie schickt den Leser auf einen Spaziergang durch Verona, entlang den Stationen, die für den *Romeo-und-Julia*-Liebhaber von Interesse sind. Ein kurzweiliger Beitrag der Reiseliteratur und zugleich Notizen über die Liebe, dem Leser zur Überprüfung empfohlen.

Georg Quander betrachtet in seinem Beitrag *»Mein Leben ist meinem Feind als Schuld dahingegeben«* – *Von Shakespeares Quellen zu Prokofieffs Ballett* – *eine Stoffgeschichte* den Wandel des uralten Stoffes vom politischen Ursprung zu einer Liebesgeschichte zweier junger Menschen, die mit den Mitteln des Tanzes, also ohne Worte, erzählt wird.

Julien Salemkour, der die musikalische Leitung dieses Balletts an der Staatsoper Unter den Linden übernimmt, untersucht einige der lyrischen Passagen der Partitur aus der Sicht des Musikers und Dirigenten.

Kein *Romeo und Julia* ohne Balkonszene: Der Balkon steht im Mittelpunkt der Betrachtungen von Carsten Niemann. In einem assoziativen Beitrag fragt er nach der Bedeutung des Balkons an sich und kommt zu der Erkenntnis, dass *der Balkon ein poetischer Bauteil* ist.

Je eine Kurzbiographie über William Shakespeare und Serge Prokofieff sowie eine Chronologie des Stoffes *Romeo und Julia* runden das Programmbuch ab.

WHO'S WHO BEI SHAKESPEARES »ROMEO UND JULIA«

ESCALUS, Fürst und Regent von Verona, symbolisiert staatliche Ordnung und Autorität, Gesetz und Rechtsprechung. Unter Androhung von Strafverfolgung greift er mehrmals schlichtend in die Auseinandersetzungen zwischen Anhängern der Capulets und der Montagues ein und verbannt Romeo nach dem tödlichen Duell mit Tybalt aus Verona.

Welche visuelle Umsetzung kann diesen Themen genügen? Beeindruckend und stimmungsvoll sind die Fotografien G. Paolo Martons, der uns zu Originalschauplätzen Veroneser Architektur entführt: Skulpturen berühmter Liebespaare ergänzen die Illustration des Programmbuchs. Als dreidimensionale Kunstwerke kommen sie den Tänzern in ihrer Körperlichkeit am nächsten und lassen ihre intensive Zuneigung und Leidenschaft auf ihre Weise sichtbar und auch greifbar werden, denn »alle Lust will Ewigkeit«.

ROMEO UND JULIA

Die Handlung

Prolog | In der Familiengruft der Capulets trauert Gräfin Capulet am Grabe Julias um ihre Tochter, die sich aus Verzweiflung über die tragischen Umstände ihrer Liebe zu Romeo getötet hat. Die Gräfin erinnert sich an das Geschehene zurück.

Erste Szene | Romeo und sein Freund Mercutio treffen sich zufällig in den Straßen Veronas. Während sie zusammen scherzen, erblickt Romeo seine derzeitige Favoritin Rosalinde, die für ihn allerdings unerreichbar zu sein scheint. Mercutio wird dennoch eifersüchtig, weil sein Freund Rosalinde große Beachtung schenkt.

Tybalt, Benvolio und zahlreiche weitere Anhänger der verfeindeten Familien Capulet und Montague kommen dazu. Während Tybalt Streit und Degengefecht provoziert, mahnt Benvolio zu Ruhe und Frieden. Jedoch erst eine höhere Macht kann die kämpfenden Bürger trennen. Tybalt gibt seinen Gefühlen Ausdruck: er ist ein Opfer seiner selbst, getrieben von innerer Aggressivität und Gewaltbereitschaft.

Zweite Szene | Von ihrer Amme und ihrer Mutter, der Gräfin Capulet, unterstützt, bereitet sich Julia inzwischen auf den abendlichen Ball im Hause ihrer Eltern vor, bei dem Graf Paris um Julias Hand anhalten will. Während sie sich ankleidet, kommt Tybalt hinzu. Julia kann ihn und ihre Mutter beobachten, wie sie merkwürdig vertraut miteinander umgehen.

Dritte Szene | Unter den nun eintreffenden Gästen sind auch Romeo, Mercutio und seine Freunde sowie Benvolio,

PONTE DELLA PIETRA

die eine Einladung zum Fest der Capulets erhalten haben und, um nicht erkannt zu werden, maskiert erscheinen.

Vierte Szene | Nach einem ersten Tanz aller Gäste erscheint verspätet Julia: sie und Romeo stehen sich erstmals gegenüber – Romeos Vertrauter Mercutio zieht sich taktvoll zurück, während beide ihren ersten Pas de deux tanzen. Auch Gräfin Capulet und Tybalt tanzen einen Pas de deux, sie werden jedoch unterbrochen, als Tybalt Romeo als einen Vertreter der verhassten Montagues erkennt. Benvolio überredet Romeo, das Fest zu verlassen, um weitere Auseinandersetzungen zu vermeiden.

Fünfte Szene | Noch in derselben Nacht zieht es Romeo in den Garten der Capulets, zu seiner Liebe Julia zurück: er hebt sie von ihrem Balkon herunter und beide geben tanzend ihrer Liebe Ausdruck.

Das Veroneser Aristokratengeschlecht CAPULET ist seit Generationen mit dem ebenfalls in Verona ansässigen Adelshaus MONTAGUE verfeindet. Die eigentlichen Ursachen sind niemandem mehr bewusst. GRAF CAPULET ist des jahrzehntelangen Streits bereits müde. Zunächst versöhnungsbereiter Gastgeber, wandelt er sich im Privaten schnell zum autoritären Familienoberhaupt. Capulet verstößt Julia, als sie sich weigert, die Ehe mit Paris einzugehen. Der Wille zum Frieden zeigt sich zunächst auch bei GRÄFIN CAPULET; aus Trauer um ihren Neffen Tybalt jedoch will sie später den nach Mantua verbannten Romeo durch ein Giftattentat töten lassen.

Sechste Szene | Auf dem Platz vor der Kirche haben sich die Einwohner Veronas zum Karnevalsfest versammelt. Das Leben pulsiert, und inmitten der Menschenmenge überbringt die Amme in Julias Auftrag einen Brief für Romeo, in dem sie ihn um die heimliche Eheschließung bittet.

Siebte Szene | In der Kapelle werden beide von Pater Lorenzo getraut.

Achte Szene | Anschließend mischen sich Romeo und seine Freunde, die wiederum Masken tragen, erneut in das Volksfest und das Markttreiben. Es kommt wieder zu einer Konfrontation mit Tybalt: der Streit mündet in einen Kampf, in dessen Verlauf Mercutio getötet wird. Um den Tod seines Freundes zu rächen, fordert Romeo Tybalt heraus und verwundet ihn tödlich im Duell. Gräfin Capulet wird Zeugin des Geschehens und gibt ihrem übergroßen Schmerz und ihrer Trauer über den Tod Tybalts Ausdruck. In unmittelbarer Konsequenz des Duells wird Romeo aus der Stadt verbannt und flieht nach Mantua.

Neunte Szene | Vor seinem Aufbruch jedoch verbringen Romeo und Julia ihre erste und einzige Liebesnacht.

Zehnte Szene | Kaum haben sie im Morgengrauen Abschied genommen, eröffnet Gräfin Capulet ihrer Tochter, dass sie auf Geheiß der Eltern Paris heiraten soll.

Elfte Szene | In seiner Kapelle übergibt Pater Lorenzo Julia einen Schlaftrunk, der sie in einen scheintoten Zustand versetzen soll und mit dem sie die unerwünschte Eheschließung verhindern will.

Zwölfte Szene | Die Brautjungfern richten das Hochzeitsgewand für Julia her.

Dreizehnte Szene | Zurück in ihrem Schlafzimmer, ist sie noch unentschlossen, das Gift einzunehmen – vor ihrem inneren Auge jedoch sieht Julia ihre Mutter verlobt mit

Tybalt, die aus Vernunftgründen aber letztlich den Grafen Capulet heiratet. Um nicht das Schicksal ihrer Mutter teilen zu müssen, findet sie den Mut, das Gift einzunehmen. Ausgerechnet Gräfin Capulet entdeckt die vermeintlich tote Julia.

Vierzehnte Szene | Pater Lorenzo hat inzwischen einen Brief an Romeo geschickt, der ihn über den Scheintod Julias aufklären soll. Jedoch kommt der Brief nicht an. Stattdessen überbringt Benvolio seinem Freund die Nachricht vom Tode Julias.

Fünfzehnte Szene | Romeo eilt nach Verona zurück und wählt an Julias Grab den Freitod. Julia erwacht gerade in dem Moment, in dem ihr Geliebter stirbt, und ersticht sich selbst mit dessen Dolch.

Sechzehnte Szene | Mit dem Bild der trauernden Gräfin Capulet endet die Geschichte. Wäre es ohne die Feindschaft der Familien und die hasserfüllten Kämpfe zwischen ihren Anhängern so weit gekommen?

ES IST NUR DEIN NAME, DER MEIN FEIND IST. DU BIST DU SELBST, WENN KEIN MONTAGUE. WAS IST MONTAGUE? ES IST WEDER HAND NOCH FUSS, WEDER ARM NOCH GESICHT NOCH IRGENDEIN ANDERER TEIL, DER ZU EINEM MANN GEHÖRT. OH, SEI EIN ANDERER NAME! WAS IST IN EINEM NAMEN? DAS, WAS WIR ROSE NENNEN, WÜRDE MIT JEDEM ANDEREN NAMEN EBENSO SÜSS DUFTEN. AUCH ROMEO WÜRDE, HIESSE ER NICHT ROMEO, SEINE TEURE VOLLKOMMENHEIT BEHALTEN, DIE ER OHNE DIESEN TITEL BESITZT. ROMEO, LEG DEINEN NAMEN AB, UND STATT DEINES NAMENS, DER KEIN TEIL VON DIR IST, NIMM GANZ MICH SELBST.

Julia, II · 2

Peter Vischer d. J.
ORPHEUS UND EURYDIKE

ZUR ENTWICKLUNGS-GESCHICHTE DES BALLETTS »ROMEO UND JULIA«

Horst Koegler

Serge Prokofieffs *Romeo und Julia* ist wahrscheinlich das erfolgreichste Handlungsballett des 20. Jahrhunderts. Es wurde im Brünner Theater am Wall am 30. Dezember 1938 unter dem Titel *Romeo und Julia, neun Tanzszenen über eine große Liebe* in der Choreographie von Ivo Váňa Psota uraufgeführt.

Doch schon vor Prokofieff verzeichnet die Ballettgeschichte zahlreiche Werke, die in der einen oder anderen Form auf Shakespeares *An Excellent Conceited Tragedy of Romeo and Juliet* von 1597 zurückgehen. Es ist überhaupt festzustellen, dass Shakespeare zu denjenigen Dramatikern der Weltliteratur gehört, durch dessen Sujets Choreographen sehr häufig inspiriert wurden. Allerdings sind Ballette unter diesem Gesichtspunkt bisher genauso wenig erforscht wie das Verhältnis Shakespeares zum Bühnentanz überhaupt.

Shakespeare und der Tanz | Stendhal, als Franzose und vielseitiger Schriftsteller ein Anwalt des klaren und nüchternen Stils, bekannte 1818: »Die Tragödien meines Gottes Shakespeare sind tatsächlich vorgefertigte Ballette« – fuhr dann allerdings fort, und da staunen wir heute nicht schlecht, »Doch Shakespeares beste Tragödien beeindrucken mich nicht halb so stark wie Viganòs Ballette.« Damit dachte er an Salvatore Viganòs *Otello* an der Mailänder

Scala. Leider wissen wir kaum etwas über diesen *Otello* – außer dass er anlässlich der Heimkehr des Helden von einem siegreichen Feldzug mit einer furiosen ›Furlana‹ begann.

In einem 1964 erschienenen Sammelband »Shakespeare in Music«[1] heißt es: »Shakespeare-Ballette können auf eine lange Geschichte zurückblicken. Noverre schuf in den 80er Jahren des 18. Jahrhunderts einen *Macbeth* für London,« [schon vorher, 1765, choreographierte er in Ludwigsburg *Antoine et Cléopatre*, H.K.] »aber man weiß nicht, was für eine Musik er dafür benutzte. Sicher war sie belanglos. Gute Ballettmusik hat es bis vor kurzem nicht gegeben.« Woraufhin mit dem 1926 von Constant Lambert für Diaghilew komponierten *Roméo et Juliette* fortgefahren wird.

LORENZO, Franziskanermönch und Stimme Gottes, verheiratet Romeo und Julia heimlich in der Hoffnung, dass durch ihre Liebe die Familienfehde beendet wird. Er initiiert die Scheintod-List, trägt damit aber unwillentlich zur Tragödie bei.

Was die Shakespeare'schen Stücke selbst angeht, so waren die Literaturhistoriker sehr viel gründlicher. Sie haben herausgefunden, dass es in seinem Gesamtwerk nicht weniger als knapp fünfhundert Verweise auf den Tanz gibt – fast ebenso viel wie auf die Musik. Waren also Musik und Tanz zu Shakespeares Zeit so gut wie synonym? Tatsächlich sind die Hinweise darauf, dass »Merry Old England« ein »Dancing Old England« war, Legion. Wir wissen, dass Heinrich VIII. ein »wahrlich unermüdlicher Tänzer« war, und dass ihm seine Tochter, die große Elisabeth, dariń gewiss nicht nachstand. Sie liebte besonders die ›Volta‹, jenen Paartanz, in dem der Herr die Dame in einer kühnen Schwungdrehung übers Parkett befördert. London war damals voll von Tanzschulen, und es gehörte einfach zum guten Ton, in den Tänzen der höfischen Gesellschaft firm zu sein. Kein Wunder, wenn Shakespeare seine Personen immer wieder einen Tanz beginnen lässt, wenn er seine Stücke mehrfach mit einem Tanz beendet, und wenn zwei seiner poetischsten Gestalten, nämlich Puck im *Sommernachtstraum* und Ariel im *Sturm*, einen ganz eigenen Typ von Schauspielertänzer erfordern, so dass Max Reinhardt in seiner Inszenierung bei den Salzburger Festspielen den Tänzer Harald Kreutzberg für die Rolle des Puck engagierte.

Überall wird bei Shakespeare getanzt – nicht nur in seinen Komödien, sondern auch in seinen Tragödien und erst recht in seinen Historien – wie wenn Shakespeare selbst den Rat Florizels befolgt hätte, den er seiner geliebten Perdita im *Wintermärche*n gibt: »Tanzest du, so wünsch' ich, du seist 'ne Meereswell', und tätest nichts als dies, stets in Bewegung, immerdar.«

Wir wissen wenig darüber, wie die frühen Shakespeare-Ballette ausgesehen haben mögen. Wir wissen nicht, ob der Noverre zugeschriebene Londoner *Macbeth* von 1785 wirklich von ihm selbst oder von seinem Schüler Le Picq stammte. Wir können nur vermuten, dass er, wie für so viele der damaligen Ballette, zu einem Potpourri beliebter Melodien aus Singspielen und Opern choreographierte. *Macbeth* erlebte übrigens nur eine einzige Aufführung und scheint im Gelächter des Publikums untergegangen zu sein, das sich königlich darüber amüsierte, dass Banquos Geist immer zur falschen Zeit erschien, der Mord an Duncan partout nicht klappen wollte und die Hexen auf der Heide in unverkennbarem Italienisch den Helden

»Macabet, Macabet!« begrüßten. Auch machte man Madame Rosse, der Ersten Tänzerin, zum Vorwurf, dass sie in der Bankettszene ihren Gästen nicht genügend Höflichkeit bezeigt hätte. Es dürften damals für unsere Verhältnisse krude Shakespeare-Ballettvorstellungen gewesen sein, die das Publikum zu sehen bekam – ein Gemisch aus Wortdeklamationen und ganz wenig Tanz.

Die ersten »Romeo und Julia«-Ballette | Am Teatro Samuele in Venedig wurde nachgewiesenermaßen 1785 ein Ballett *Giulietta e Romeo* in der Choreographie von Eusebio Luzzi gegeben. Allerdings spukt in verschiedenen Historienbüchern eine weitgehend anonym gebliebene Aufführung an der Mailänder Scala herum, »wo im zweiten Akt die Arena von Verona mit Tänzen und Turnieren gezeigt wurde«. Das 1811 für das Königlich Dänische Ballett kreierte *Romeo og Julie* von Vincenzo Galeotti, dem Vorgänger des berühmten August Bournonville, lehnt sich offenbar weniger an Shakespeare als an die auch von ihm benutzte italienische Novelle von Luigi da Porto *Ritrovata di Due Nobili Amante Giulietta i Romeo* an: ein Fünfakter mit viel Pantomime und damit ein ausgewachsener Abendfüller, für den der dänische Komponist Claus Schall eine eigene Musik für Orchester und Chor geschaffen hatte.

Im 19. Jahrhundert aber stand dem Ballett im Gefolge von *La Sylphide* und *Giselle* nach anderem der Sinn. Was sollte auch eine Zeit mit *Hamlet*, *Othello* oder *Romeo und Julia* anfangen, deren Balletterfolgstitel beispielsweise an der Königlichen Oper in Berlin *Aladin und die Wunderlampe*, *Flicks und Flocks Abenteuer*, *Coppélia* oder *Die Puppenfee* hießen? Einziger neu auftauchender Shakespeare-Titel war der *Sommernachtstraum*, den Marius

PALAZZO DEL COMUNE

Petipa 1877 zu Mendelssohn Bartholdys Musik in St. Petersburg choreographierte – doch von ihm registrierten die Balletthistoriker nur, dass ihm kein Erfolg beschieden war.

Es dauerte tatsächlich bis 1926, als Diaghilews Ballets Russes in Paris ihre Version *Roméo et Juliette* zu der Musik von Constant Lambert aufführten. Mit dieser Choreographie wurden Bronislawa Nijinska, die Schwester des großen Tänzers, und George Balanchine, der dazu einen Entreakt choreographierte, beauftragt. Die Ausstatter waren Joan Miró und Max Ernst, in den Hauptrollen waren Tamara Karsawina und Serge Lifar besetzt.

Mag dieses Ballett selbst auch längst vergessen sein – es hat doch eine Reihe von Denkanstößen geliefert und auch diverse dramaturgische Perspektiven eröffnet, wie zum Beispiel die konsequente Projektion des *Romeo-und-Julia*-Stoffes auf ein zeitgenössisches Tänzer- und Probenmilieu, von wo aus es dann nur noch eines Schrittes zu seiner Musical-Vermarktung in *West Side Story* bedurfte.

Serge Prokofieffs »Romeo und Julia« | Serge Prokofieffs *Romeo i Dschuljetta*, Ballett in drei Akten und 13 Bildern, mit Prolog und Epilog, wurde als Opus 64 im Werkkatalog dem Jahr 1936 zugeordnet. Als der Komponist nach langem Aufenthalt in den USA und Europa 1933 in die junge Sowjetunion zurückkehrte, war er bereits ein balletterfahrener Mann: Diaghilew hatte seine Ballette *Le Chout* (1921), *Le Pas d'acier* (1927) und *Le Fils Prodigue* (1929) uraufgeführt, die Pariser Oper 1932 *Sur le Borsythène* in der Choreographie von Serge Lifar.

In seiner Autobiographie berichtet Prokofieff über das Entstehen seines *Romeo-und-Julia*-Balletts: »Anfang des Jahres 1934 kamen Gespräche mit dem Leningrader

Kirow-Theater über ein Ballett auf. Mich interessierte ein lyrisches Sujet. Wir stießen auf *Romeo und Julia* von Shakespeare. Aber das Kirow-Theater besann sich eines anderen, und stattdessen schloss das Moskauer Bolschoi-Theater einen Vertrag mit mir ab. Im Frühling 1935 arbeiteten Radlow und ich die Szenarien aus, wobei wir sorgfältig den Ballettmeister über alle technischen Fragen konsultierten. Im Laufe des Sommers wurde die Musik geschrieben, aber das Bolschoi-Theater fand, sie sei nicht tanzbar, und brach den Vertrag.«

Sergej Ernestowitsch Radlow war ein bekannter Moskauer Schauspieler und Regisseur, der Shakespeares *Romeo und Julia* bereits inszeniert hatte. Von ihm scheint die ursprüngliche Anregung zu dem Ballett ausgegangen zu sein. Er erarbeitete es zusammen mit Adrian Iwanowitsch Piotrowski, dem Direktor der Eremitage, Leonid Michailowitsch Lawrowski, dem damals noch in Leningrad engagierten Tänzer und Ballettmeister, und Serge Prokofieff.

Die Inszenierung des Balletts *Romeo und Julia* hat eine ziemlich verzweigte und vielseitige Vorgeschichte, zu der auch eine geplante, aber nicht zustande gekommene Aufführung an der Leningrader Choreographischen Schule gehört. Die entscheidenden Gespräche fanden im Frühjahr 1935 statt. Ende Mai zeigte Prokofieff dem Komponistenkollegen Nikolai Mjaskowski erste Skizzen und Entwürfe, doch der war ebenso wenig begeistert wie der als Choreograph vorgesehene Lawrowski, der ständig Änderungen und Ergänzungen verlangte. Und auch Galina Ulanowa, als Julia besetzt, konnte sich anfangs überhaupt nicht mit der Musik Prokofieffs befreunden. Von ihr wird der Stoßseufzer kolportiert: »Nichts Schlimm'res gibt es, möcht ich wetten, als die Musik Prokofieffs in Balletten!«

Endlos wurde darüber debattiert, ob das Ballett im Einklang mit der Doktrin des so genannten Sozialistischen Realismus einen versöhnlichen Schluss haben sollte, bei dem sich die verfeindeten Familien über den Gräbern ihrer Kinder die Hände reichen. Am 8. September 1935 beendete Prokofieff die erste Fassung der Partitur und im darauf folgenden Monat gab es eine erste Durchlaufprobe der Musik im Beethovensaal des Moskauer Bolschoi-Theaters. Doch des Hin und Her war kein Ende. Prokofieff entschloss sich, zwei Suiten (1936) und zehn Klavierstücke (1937) für den Konzertgebrauch zu exzerpieren. Schließlich fand die Uraufführung Ende 1938 in Brünn statt, choreographiert von Ivo Váňa Psota, einem Tschechen, der in den dreißiger Jahren Auslandserfahrungen beim Ballet Russe de Monte Carlo gesammelt und dort auch Prokofieff kennen gelernt hatte. Zora Semberová, die damals die Julia kreierte, hat uns von der stark gekürzten Version erzählt, in der *Romeo und Julia* damals zur Aufführung gelangte. Dabei gab es einen Prolog und einen Epilog im Himmel, in dem drei Engel als Chronisten der Fabel auftraten – als überirdische Wesen tanzten sie auf Spitze, während Semberová sehr gegen den Willen von Psota ihren Part auf flacher Sohle, also in Schläppchen, tanzte. Im Gegensatz zu Ulanowa hatte Semberová übrigens nicht die geringsten Schwierigkeiten mit der Musik Prokofieffs. Damals gab es freilich nur einige Vorstellungen, da nach dem Einmarsch der Deutschen in die Tschechoslowakei im März 1939 Prokofieff fürs Erste vom Brünner Spielplan verschwand.

»Romeo und Julia« als Werk des Sozialistischen Realismus | Aufgrund des großen Erfolges der Suiten im Konzertsaal entschloss sich das Leningrader Kirow-Ballett doch noch zur choreographischen Aufführung, die dann am 11. Januar 1940 nach weiteren heftigen Auseinandersetzungen (vor allem wegen der vom Choreographen ständig verlangten zusätzlichen Nummern) wirklich zustande kam – in der Ausstattung von Pjotr Williams, dirigiert von Issai Scherman, mit Galina Ulanowa als Julia, Konstantin Sergejew als Romeo, Andrei Lopuchow als Mercutio, Robert Gerbek als Tybalt und Jewgenija Biber als Amme. Sie gilt seither als die ›eigentliche‹ Uraufführung, weil die Sowjets es geschickt verstanden haben, die Weltöffentlichkeit jahrelang an der Nase herumzuführen und die legitime Uraufführung von Brünn in ihren diversen Geschichtsbüchern schlicht ignoriert haben. Noch 1954, als wir beim Gastspiel von Solisten des Moskauer Bolschoi- und des Leningrader Kirow-Balletts im damaligen Ostberliner Friedrichstadtpalast den dritten Akt dieser Version mit Galina Ulanowa und Juri Schdanow zum ersten Mal in Deutschland zu sehen bekamen, waren wir alle davon überzeugt, dass Prokofieffs *Romeo und Julia* 1940 in Leningrad seine Uraufführung erlebt hatte. Jedenfalls war die Leningrader Produktion so erfolgreich, dass sie 1946 ans Moskauer Bolschoi-Theater transferiert wurde – in großenteils gleicher Besetzung wie in Leningrad. Hier nun von Juri Faier dirigiert, mit Ulanowa als Julia und Juri Kondratow als Romeo (alternierend mit Juri Schdanow), avancierte *Romeo und Julia* zur Modellproduktion des neuen sowjetischen Ballettstils. Beim ersten westlichen Gastspiel des Bolschoi-Balletts, das 1956 die komplette Inszenierung zeigte, war das Londoner Publikum kolossal beeindruckt, während die Kritik differenzierter reagierte: voller Bewunderung für die tänzerischen Leistungen und die subtil psychologisierenden Rollenporträts sowie den überwältigenden theatralischen Elan der Massen-Ensembles und Kampfszenen – aber doch auch mit erheblichen ästheti-

schen Skrupeln angesichts der pantomimischen Über-
frachtungen der Aktionsszenen und des generell opernhaf-
ten Pathos der ballettösen »Meiningerei«, das die Inszenierung wie ein Relikt aus dem 19. Jahrhundert erscheinen
ließ.

Der offiziellen sowjetischen Ballett-Geschichtsschrei-
bung galt Prokofieffs *Romeo und Julia* in der Moskauer
Inszenierung und Choreographie von Lawrowski als Gip-
fel der neuen sowjetischen Ballettkultur. Die sowjetischen
Balletthistoriker interpretierten die Liebe Romeos und
Julias als »Symbol der Renaissance«, als eine »neue Le-
benseinstellung vor dem Hintergrund einer Familienfehde
als Verkörperung des finsteren Mittelalters.«²

Die Verehrung der Sowjets für diese Aufführung ging so
weit, dass die Theatergesellschaft eine eigene *Romeo-und-
Julia*-Ballettkonferenz einberief, die in ihrer Resolution
statuierte, dass das Ballett Shakespeares Gedanken und
Bilder perfekt in die Sprache des Tanzes übersetzt habe.

Julias **AMME,** *ähnlich wie Mercutio als komischer Charakter
eingefügt, ist für Julia zunächst eine Verbündete und mütterliche
Vertraute. Da sie allerdings der geplanten Hochzeit mit Paris
aufgeschlossen gegenüber steht, sagt sich Julia von ihr los.*

Wie ein Monolith überragte Prokofieffs und Lawrows-
kis *Romeo und Julia* für lange Zeit das gesamte sowjeti-
sche Ballettschaffen, verpflichtend für jede weitere Einstu-
dierung im »Vaterland aller Vaterländer« – wie in zahlreichen (nicht allen) Staaten des Ostblocks, so dass es erst
1965 im fernen Nowosibirsk zu einer sowjetischen Alter-
nativproduktion in der Choreographie von Oleg Winogra-
dow kam. Es folgten Inszenierungen von Nikolai Bojart-

schikow 1972 in Perm (1978 auch an der Deutschen Oper Berlin) und Juri Grigorowitsch 1979 am Moskauer Bolschoi-Theater.

Weltweite Popularität | Erste deutsche Bemühungen um Prokofieffs *Romeo und Julia* gab es 1948 von Tatjana Gsovsky an der Deutschen Staatsoper in Ostberlin und in Westdeutschland 1956 von Boris Pilato in Bonn. Relativ langsam hat sich – gerade im Hinblick auf seine heutige globale Popularität – *Romeo und Julia* im Westen durchgesetzt, obgleich Frederick Ashton schon 1955 in Kopenhagen eine ob ihres hoch sensiblen Lyrismus viel gerühmte eigene Choreographie herausgebracht hatte. Diese Version wurde 1985 ins Repertoire des London Festival Ballet übernommen, verschwand aber schon nach wenigen Vorstellungen wieder vom Spielplan. Nicht viel besser erging es 1955 übrigens Serge Lifars Einstudierung an der Pariser Oper. Der eigentliche Siegeszug von Prokofieffs *Romeo und Julia* im Westen begann 1962 in Stuttgart, wo das Ballett in John Crankos Inszenierung und Choreographie zur Visitenkarte des stürmischen Aufbruchs des Stuttgarter Balletts wurde – und bis heute blieb: eine Hymne an die alle Widerstände überwindende Kraft der Jugend und der Liebe. Seine Interpretation wurde zudem zum Durchbruchswerk für Marcia Haydée, die an und in ihr zu einer der großen dramatischen Ballerinen der zweiten Jahrhunderthälfte reifte.

Die Lawrowski-Version ist von keiner der westlichen Compagnien übernommen worden – ignorieren konnte man sie gleichwohl nicht, und so hat jeder der im Westen tätigen Choreographen versucht, einen individuellen Ansatzpunkt zu finden. Eine große Schwierigkeit bestand in der außergewöhnlich engen Verbindung, ja der Verschmelzung der Musik mit der Dramaturgie. Als besonders erfolgreich und überlebensfähig haben sich außer Crankos Stuttgarter Version die Inszenierungen von Kenneth MacMillan beim Royal Ballet (1965), von John Neumeier beim Frankfurter Ballett (1971) und von Rudolf Nurejew beim London Festival Ballet (1975) erwiesen. Sie alle haben dann auch ihre Bewährungsprobe bei ihren Übernahmen durch andere Compagnien bestanden. Auch Youri Vámos (zuerst 1997 in Düsseldorf, 1999 auch an der Deutschen Oper Berlin) und Jean-Christophe Maillot (1996 in Monte Carlo, 1998 auch in Essen) haben durch ihre unkonventionellen Perspektiven überlokale Aufmerksamkeit auf sich gezogen.

Eine radikale, neue Interpretation des musikalisch weitgehend dekonstruierten Prokofieff-Balletts hat Angelin Preljocaj unter Einbeziehung elektronischer Klänge von Goran Vejvoda zuerst 1990 an der Oper von Lyon herausgebracht und später auch mit seiner eigenen Compagnie einstudiert. Seine Hauptthemen sind Repression und Rebellion. Bei ihm ist Shakespeares Verona ein Orwell'scher Polizeistaat, beherrscht von der roboterhaften Militärdiktatur der Capulets, während die Montagues Berber sind, die in einer verrotteten Fabrik hausen. Am Ende triumphiert Tybalt in denkmalhafter Pose über den Leichen der beiden Liebenden. Man kann sich vorstellen, was die Fundamentalisten des Sozialistischen Realismus von dieser Interpretation gehalten hätten.

Neben den Dutzenden von Inszenierungen von Prokofieffs *Romeo und Julia* rund um den Globus nehmen sich die Produktionen von *Romeo-und-Julia*-Balletten zu anderer Musik recht bescheiden aus. Am häufigsten wurde noch Hector Berlioz' *Symphonie dramatique* op. 15 choreographiert, zuerst offenbar von Georges Skibine 1955 für das Grand Ballet du Marquis de Cuevas, später auch von anderen Choreographen wie etwa von Erich Walter 1959 in Wuppertal. Als am erfolgreichsten hat sich zweifellos die Fassung von Maurice Béjart erwiesen, die er 1966 mit seinem Ballet du XXe Siècle im Brüsseler Cirque Royale mit Einschüben elektronischer Musik als Proteststück der »Make Love, not War!«-Bewegung erarbeitete. Er selbst war darin in der Rolle des Ballettmeisters während einer Probe zu sehen.

Auch verkürzte Versionen der Tragödie zu Peter Tschaikowskys Fantasie-Ouvertüre hat es mehrfach gegeben und außerdem von Leo Spies ein eigens für Tatjana Gsovsky komponiertes, 1942 in Leipzig uraufgeführtes *Romeo-und-Julia*-Ballett. 1983 brachte Krisztina Horváth in Freiburg ein *Romeo-und-Julia*-Ballett zu Renaissance-Musik heraus.

Ein weiteres Ballett, das mit großem Respekt gewürdigt wurde, war *The Tragedy of Romeo and Juliet*, das Antony Tudor 1943 zu ausgewählten Kompositionen von Frederick Delius für das American Ballet choreographiert und 1962 in Stockholm noch einmal einstudiert hat.

Der amerikanische Ballettkritiker Edwin Denby beschrieb dieses Ballett als eine »Rêverie«, beziehungsweise als eine Meditation, die in einem zeitlosen Raum zu spielen schien, wie eine Halluzination. In der amerikanischen *International Encyclopedia of Dance* heißt es: »Bermans Dekor verschmolz perfekt mit Tudors stilisierter Choreographie, die er auf Renaissance-Haltungen und -Tanzmuster gründen ließ. Tudor komprimierte die Handlung und konzentrierte sich auf ihre Essenz mit kleinen, aber wirkungsvollen Details. Indem er die Handlung simultan abrollen ließ, gelang es ihm, eine reiche und tief bewegende Tapisserie zu schaffen, aus der heraus die Charaktere Gestalt annahmen, und in die sie sich wieder zurückzogen – ganz aus dem elisabethanischen Geist von Shakespeares Stück.«

So scheint es keine bloße Spekulation zu sein, wenn wir zu Beginn des neuen Jahrtausends der inzwischen über vierhundert Jahre alten *Excellent Conceited Tragedy of Romeo and Juliet* des großen William Shakespeare voraussagen, auch künftig als offenbar unerschöpfliche Inspirationsquelle für alle denkbaren Formen des Balletts und des Tanztheaters zu dienen.

1 *Shakespeare in Music*, London 1964, darin: *Shakespeare and the Ballet*.
2 Natalija Roslawewa, *Era of the Russian Ballet*, London 1966.

WILLST DU SCHON FORT?
DER TAG IST NOCH NICHT NAHE.
ES WAR DIE NACHTIGALL UND
NICHT DIE LERCHE.
Julia, III · 5

PORTA BORSARI

JULIA FOREVER. Über Nachspiele der Love-Story von Romeo und Julia und den Kult der Liebe

Iris Radisch

Die Mauern in der Via Cappello 23 tragen eine Last, für die sie nicht gemacht sind. Sie sind übersät mit Wünschen, Namen, Zeichnungen und Kritzeleien. Enrico e Giorgia, Ruth und Hermann, Betta e Luca, Roby and Kathy. Immer dasselbe. Zwei Namen, ein Herz. Große Herzen, kleine Herzen, protzige, blutende und schüchterne Herzen. Herzen mit und ohne Pfeil. Der Platz auf den verwitterten Mauern der Toreinfahrt zum Palazzo Capuleti reicht nicht aus. Die Herzen, Namen und Versprechen aus vielen Jahrhunderten liegen in dichten Schichten übereinander, zerfließen zu einer einzigen unlesbaren Liebeserklärung. Mit roter Farbe und großen Buchstaben hat jemand diesen unendlichen Liebestext überschmiert: »Extasie«. Fett steht es über den ungezählten Liebesschwüren und ist fast so etwas wie ein Titel für jene große Aufführung, die es vor vielen Jahrhunderten in einer einzigen Nacht auf dem schmalen Steinbalkon im Innenhof des Palazzo Capuleti für ein paar Stunden gegeben haben soll – gegeben haben muss.

Was damals mit klopfenden Herzen auf dem Balkon geflüstert wurde, ist heute auf einer schlichten Steintafel an der Hauswand nachzulesen. »But soft? What light through yonder window breaks? It is the east and Julia is the sun...« – »Doch still, was schimmert durch das Fenster dort? Es ist der Osten und Julia die Sonne!«, schwärmte der verliebte Romeo vor beinahe siebenhundert Jahren, als er Julia auf dem schmalen Balkon zum ersten Mal auf ihn warten sah. Diese Szene – Romeo mit Federhut, ein wackerer Jägersmann auf der Strickleiter, Julia mit blonden Zöpfen wie Rapunzel an der Brüstung – kann man heute, nur wenige Meter vom Ort des Geschehens entfernt, in verwegenen Nachbildungen kaufen: Julia mit blauem Kleid und weißem Häubchen auf einem Kugelschreiber, Julia mit rotem Kleid und offenen Locken auf einem Aschenbecher, Romeo mit braunen oder blonden Haaren, Romeo mit und ohne Hut, Romeo in engen Beinkleidern. Je nach Geschmack. Der Andenkenstand im Innenhof ist gut sortiert.

JULIA, fast vierzehnjährige Tochter der Capulets, gehört zu Shakespeares Rebellinnen: sie lehnt sich gegen die von ihren Eltern gewünschte Ehe mit Paris auf, und ist innerhalb der Beziehung zu Romeo der stärkere Pol. Julia initiiert die Hochzeit, riskiert Lorenzos Giftgemisch und wählt entschlossen den Freitod.

Der Palazzo Capuleti in der Via Cappello 23 ist eine Pilgerstätte, eine Liebespilgerstätte für Tausende von Liebesmüden und Liebessuchenden aus aller Welt. Die Nachbildungen der Balkonszene aus Shakespeares berühmtem Drama sind Devotionalien für die Gläubigen. Julia ist ihre Schutzheilige. Zwischen dem Andenkenstand und der Schrifttafel steht sie etwas verloren, steif und traurig auf einem Sockel: Giulietta in Bronze und zum Anfassen. Ein Geschenk des Lions Club aus dem Jahr 1972. Mit leerem Blick starrt sie auf eine Stelle unter dem Balkon, an der Romeo in jener legendären Nacht gestanden haben mag, nachdem er unter Lebensgefahr über die Gartenmauer in den dunklen Hof geklettert ist. Kaum jemand, der den Innenhof heute durch die offene Toreinfahrt betritt, verlässt ihn wieder, ohne Julias linke Brust und ihren linken Arm berührt zu haben. Das bringt Liebesglück. Brust und Arm glänzen golden aus dem Grün hervor, so viele tausend Hände sind schon über diese Rundungen gefahren.

Hände, die das schnell und geschäftig erledigen. Hände, die zärtlich zupacken und eine Weile hin- und herstreicheln. Hände, die kräftig ausholen und beinahe zuschlagen. Einer normalen Heiligen würde man vielleicht den Rocksaum oder die Füße küssen. Einer Schutzheiligen der Liebe fasst man einfach an die Brust. Besonders wagemutige Pilger fassen ihr sogar zwischen die Beine. Das ist immerhin eine kleine Ekstase, ein Glücksversprechen und eine Entschädigung dafür, dass man in jener Nacht auf dem Balkon nicht dabei gewesen ist. Hand auf der Brust lassen sich fröhliche und verwegene Besucher mit der Liebesbringerin fotografieren. Jeder darf, was eigentlich nur Romeo durfte. Das ist eine Gaudi, ein Liebesglück in Miniaturformat, ein Unterpfand wie all die hier feilgebotenen Aschenbecher, Unterteller, Pralinen und Kugelschreiber. Profane Reliquien einer unechten Heiligen.

Aber Julias Platz ist nicht im Himmel, sondern auf den Brettern des Theaters. Und zur Legende wurde sie nicht durch einen kirchlichen Erlass, sondern durch einen Dichter. Allerdings hat William Shakespeare diese Geschichte einer großen Liebe nicht erfunden. Matteo Bandello und Luigi da Porto, zwei Autoren der italienischen Renaissance, haben sie bereits im frühen 16. Jahrhundert angeblich nach dem »Hörensagen« erzählt. Ob die beiden jedoch an eine wirkliche Liebesgeschichte im Verona des 14. Jahrhunderts gedacht, ob sie sogar den schmalen Steinbalkon in der Via Cappello vor Augen hatten, auf dem Romeo Montecchi und Julia Cappelletti sich ewige Liebe

PALAZZO CAPULETI

Das Haus der Julia

schworen, ist heute nicht mehr zu sagen. Sicher ist einzig, dass die Familien Montecchi und Cappelletti im Jahr 1303, in dem die Tragödie sich ereignet haben soll, in Verona lebten und von Herzen miteinander verfeindet waren. Da Porto berichtet, wie Romeo, ein »junger, schöner, schlanker und aufgeräumter« Mann, eines Abends auf einem Fest der Familie Cappelletti erschienen und in die Seele der einzigen Tochter des Hausherrn so tief eingedrungen sein soll, dass »sie fortan nicht mehr ihr eigen war«. »Alsobald«, erzählt er, »glühten die beiden Geliebten in gleichen Flammen« und konnten nicht anders, als sich an allen Orten »mit Augen zu weiden«.

Doch das Schicksal, das, wie der Renaissance-Autor versichert, »jeglicher irdischen Freude abhold ist«, zerstört die Liebe. Außer der Augenweide, einem zärtlichen, nächtlichen Gespräch auf dem Balkon und einer kurzen Hochzeitsnacht haben die Liebenden von der Liebe nichts gehabt.

Romeo tötet im Kampf Julias Vetter Tybalt und wird aus der Stadt verbannt. Julia soll mit einem Herrn der Veroneser Gesellschaft verheiratet werden, sucht sich aber dem Lauf der Dinge durch ein Gift zu entziehen, das den Tod für kurze Zeit todesecht vortäuscht. Sie will in der Familiengruft beigesetzt werden, dann fliehen und Romeo in die Verbannung folgen. Doch natürlich kommt der Brief, in dem sie Romeo diesen Plan entdeckt, nicht an. Und natürlich hört Romeo von Julias Tod, steigt verzweifelt in ihre Gruft, vergiftet sich (wirklich!) und stirbt. Julia erwacht, erkennt »in einem Meer von Zähren und bleicher als Asche« die ausweglose Lage, »lässt noch einmal ihr Leid, den Verlust des Geliebten, durch die Seele ziehen und beschließt, nicht mehr zu leben; sie hält den Atem an sich, so lange sie kann, und stößt ihn dann in einem Schrei sterbend von sich und fällt auf den toten Leib des Geliebten nieder.«

Fast alles geht schief in dieser Geschichte. Die Familien sind verfeindet, ein Vetter wird erschlagen, ein Brief kommt nicht an, Julia erwacht um weniges zu spät. Die große Liebe stolpert über die kleinen Zufälle, den Blödsinn des Lebens. Julias Geschichte ist genauso idiotisch wie wirkliche Liebesgeschichten, die selten so hochherzig und rein verlaufen, dass ihnen nicht ein Briefträger, der Kleingeist oder der Familienzwang ein Bein stellen könnten. Aber anders als in Julias Heiligenlegende stirbt die Liebe im wirklichen Leben meist vor den Liebenden. So bleibt ihnen genügend Zeit, wieder von der unvergänglichen, der großen, wahren und einzigen Liebe zu träumen. Von einer Liebe, die sich vom Leben kein Bein stellen lässt. Von einer Liebe ohne Leben. Doch diese Liebe gibt es nur in den Erzählungen, Märchen und Dramen.

ROMEO, einziger Sohn der Montagues, versucht zunächst, die Streitigkeiten der Familienclans zu schlichten, wird aber ungewollt zum Gewalttäter. Mit seiner wirklichkeitsfernen, fantasievollen, melancholisch bis depressiven Veranlagung gilt er als Prototyp des zweifelnden, unentschlossenen Menschen. Er ist diesbezüglich mit Hamlet verwandt.

Denn die könnten hemmungslos schlecht ausgehen. Blut und Geschrei bleiben zwischen den Buchdeckeln. Und das Ergebnis ist verblüffend: Zwar sterben hier meist die Liebenden, doch die Liebe überlebt. Schlimmer noch: Die Liebenden sterben, *damit* die Liebe überlebt. Ohne diese Märtyrer, die wie Julia einen Schrei ausstoßen und einfach aus reiner Liebe sterben, wäre die Liebe verloren. Sie braucht diese todesmutigen, todesseligen Verliebten, die lieber selber sterben, als ihre Liebe sterben zu lassen. Sie braucht das Paradox.

Die Liebesheroen der Literatur machen keine Kompromisse. Sie wollen die ganze, die höchste Liebe oder gar keine, wollen die reine Ekstase, Glück oder Unglück, gleichviel. Immer entscheiden sie sich blitzartig. Kaum hört Romeo vom Tode Julias, hat er ein Gift zur Hand, kaum hat er sie im Grab geküsst, hat er es auch schon verschluckt. Nicht anders handelt Julia.

Aus dem Totenschlaf erst halb erwacht, sieht sie den toten Romeo, schreit und ersticht sich (bei Shakespeare, bei da Porto war der Schmerz schon Todesgrund genug). Nicht weniger umstandslos fing die Liebe an. Romeo liebte eigentlich eine andere Frau. Doch als er Julia sieht, hat er diese Liebe, nichts als »ein Rauch, den Seufzerdämpf' erzeugten«, auch schon vergessen. Ein Blick hat alles entschieden. »Liebt' ich wohl je«, fragt Romeo sich auf der Stelle, »Nein, schwör es ab, Gesicht! Du sahst bis jetzt noch wahre Schönheit nicht.« Dann, nachdem er Julia angesprochen hat, dauert es gerade noch zehn Sätze, bis sie sich küssen. Ein Blitzschlag, ein *coup de foudre*, wie die Franzosen sagen, ist in die Liebenden gefahren und hat ihnen jede Entscheidung, jedes Zögern abgenommen. Sie sind außer sich, in Ekstase – oder einfacher: sie sind unsterblich ineinander verliebt.

In der Via Arche Scaligere 4, nur wenige Straßenecken von der Via Cappello entfernt, steht das Haus der Familie Montecchi. Eine Steintafel, ähnlich der unter Julias Balkon, erklärt Romeos Abwesenheit, die gleichzeitig Romeos Anwesenheit in der Liebe ist. »Romeo: Tut! I have lost myself; I am not here; this is not Romeo, he's some other where.« – »Romeo: Ach, ich verlor mich selbst; ich bin nicht Romeo. Der ist nicht hier: er ist – ich weiß nicht wo.« Er ist verliebt und deshalb »anderswo«. Er ist außer sich. Die Liebe überfällt nur den, der bereit ist, alles zu verlieren. Der verliebte Romeo verliert seine Geschichte, seine Herkunft, sein Leben. Er fällt aus der Zeit. Deshalb geht zwischen den Liebenden alles so rasend schnell – kaum gesehen, schon geküsst, schon gestorben –, die Zeit hat in der Liebe keine Bedeutung. Die größte und schönste Liebesgeschichte der letzten Jahrhunderte dauerte kaum vier Tage. In nur vier Tagen lernen Romeo und Julia sich kennen, verlieben, vermählen, verlassen sich und sterben. Die Stunden, die sie miteinander verbracht haben, reichen gerade für eine Bahnfahrt von Hamburg nach Verona. Ohne Rückfahrt. Viele der jungen Liebespaare, die in der Via Cappello ihr Herz auf den Mauern hinterlassen, haben eine Reise hinter sich, die länger dauerte als die tragische Liebe zwischen Julia und Romeo.

Und doch ist gerade diese Liebe zum Vorbild für alle Liebenden geworden. Und alle verbinden mit dieser Modell- und Musterliebe ein einziges Wort: forever, für immer, per sempre. »Jochen liebt für immer und ewig seine liebe Sonja.« Für ewig und immer wie Romeo und Julia, die noch nicht einmal zwei Sonntage gemeinsam verbracht haben. Das Paradox einer ewigen Liebe in wenigen Stunden, das den Philosophen und Literaturwissenschaftlern den Kopf zerbricht, haben die Liebenden ganz einfach mit dem Herzen gelöst. Für sie dauert gerade die kürzeste Liebe ewig. Julias Beichtvater, der das Liebespaar vermählt und Julia das falsche Gift verschafft hat, erklärt diese Liebesunlogik in Schlegels etwas schwerfälligem Beichtvaterdeutsch: »Der lang vermählt lebt, ist nicht wohl vermählet; wohl ist vermählt, die früh der Himmel wählet ...«, denn »So wilde Freude nimmt ein wildes Ende«. Die wilde Liebe, das will der alte Herr wohl allen Paaren sagen, hat keine Ausdauer. Ihr genügt ein einziger leidenschaftlicher Augenblick. »Dann komme, was der Kummer vermag«, so der junge Ehemann Romeo nach der Hochzeit, und sei's »der Liebeswürger Tod«. Je kürzer die Liebe ist, desto größer ist sie. Je größer sie ist, desto mehr möchte man sich vor dem Kleinerwerden schützen. Und der beste Schutz vor dem Vergehen der Liebe ist der Tod. Das wilde Ende einer wilden Liebe.

Zwar rät der freundliche Beichtvater den Liebenden, die er so wild nicht enden sehen möchte, »Drum liebe mäßig; denn solche Lieb' ist stet«. Doch niemand hört auf ihn. Niemand will mäßig lieben. Die Verliebten lieben nur die unmäßige Liebe, den flüchtigen Augenblick, der so glücklich macht, dass er beinahe ewig – ewig wie der Tod ist. Ein Augenblick, der aus der Zeit herausspringt. Aber das können Sonja und Jochen, Kathy und Roby unmöglich wollen – aus der Zeit herausspringen –, auch wenn sie ihr Herz über die vielen Herzen malen, Julia an den Busen fassen, ein Foto machen und später in der Pasticceria Gelateria La Casa di Giulietta mit einem Longdrink »Tramonto di Romeo« (Sanbitter, Ananas) oder einem Cocktail »Tramonto di Giulietta« (Gin, Martini dry) auf ihre Liebe anstoßen und danach vielleicht noch einen Blick in das Schaufenster mit Babykleidung schräg unter Julias Balkon werfen. Ihre Liebe soll kein wildes Ende nehmen, und sie scheint ihnen auch gar nicht *un amore tanto appassionato quanto impossibile* (so beschwört es die Speisekarte in der Casa di Giulietta), sondern ganz im Gegenteil sehr möglich und zukunftsträchtig zu sein.

Niemand unter den vielen hundert Besuchern, die täglich in den Innenhof der Via Cappello strömen, sehnt sich ernsthaft danach, des Nachts auf Strickleitern und Balkonen herumzuturnen, und erst recht will niemand wie Julia aus Liebe sterben. Was wollen sie dann?

Im Klosterkeller des Konvents der Kapuziner außerhalb der Stadtmauern liegt Julia in einem schmalen, kargen Raum begraben. Es gibt nicht viel zu sehen. Ein grabförmiges Steinbecken, ein Blumenstrauß. Nichts zum Anfassen. Keine Herzchen an den Wänden. Es ist beinahe ein heiliger Ort. Ein Ort, an dem man eine Heilige der Literatur, eine Heilige der Liebe verehrt. Am Fuße des Grabes gibt es in der Mauer zwei Einlassungen, in denen die Gläubigen Briefe an ihre Liebesgöttin hinterlegen. *Cara Giulietta*, beginnen diese Briefe in inniger Mädchenschönschrift, *fa che il mio amore per Enrico duri per sempre. Cara Giulietta, fa che il mio amore duri per tutta la vita.* Liebe Julia, mach, dass meine Liebe ewig dauert, mach, dass sie das ganze Leben dauert, mach, dass ich eine große Liebe finde. Giulietta, mach, mach, mach! Mach Liebe! So und so ähnlich lauten die vielen Gebete der Liebenden an ihre Göttin Julia, an das Mädchen, das schon mit vierzehn Jahren nach einer einzigen Liebesnacht an seiner mörderischen Liebe starb. Gebete an die einzige Liebende, die das Wunder vollbracht hat, dass ihr Unglück gleichzeitig ihr Glück war.

Vielleicht liegt hier das Geheimnis der Anziehungskraft dieser viel beschriebenen Kinderliebe: Sie hat die Liebe verewigt, weil sie damals keine Zeit hatte, gelebt zu werden. Marguerite Duras, die fünftgrößte Liebestodautorin nach Gottfried von Straßburg, Shakespeare, Goethe und Gottfried Keller hat dieses unglückliche Glück einer unmöglichen Liebe in der Erzählung »Die Krankheit Tod« beschrieben. »So haben Sie«, tröstet sie den Liebenden, »dennoch diese Liebe leben können, auf die einzig Ihnen entsprechende Weise: indem Sie, bevor sie eintraf, sie verloren.«

Nur wer verliert, gewinnt – die Liebe. Wie Julia. Das ist die Wahrheit der Literatur. Die Wahrheit des Lebens ist anders. Tag für Tag bitten die jungen Paare in Verona unter Julias Balkon: Giulietta! Mach, dass auch unsere Liebe so wie deine ist, aber mit besserem Ausgang. Sie wollen einfach alles. Das Ende des Paradoxes. Die Liebe auf Erden.

MICH HAT'S GARANTIERT ERWISCHT, WAS
DIESE WELT ANGEHT. DIE PEST AUF EURE BEIDEN
HÄUSER! GOTTES WUNDEN, DASS EIN HUND, EINE
RATTE, EINE MAUS, EINE KATZE EINEN MANN
ZU TODE KRATZT! EIN PRAHLHANS,
EIN SCHELM, EIN SCHURKE,
DER NACH DEM RECHENBUCH KÄMPFT!
WARUM ZUM TEUFEL KAMT IHR ZWISCHEN UNS?
ICH WURDE UNTER EUREM ARM
HINDURCH VERWUNDET.
Mercutio, III · 1

C. W. Beyer RAUB DER HELENA

»MEIN LEBEN IST MEINEM FEIND ALS SCHULD DAHINGEGEBEN« Von Shakespeares Quellen zu Prokofieffs Ballett – eine Stoffgeschichte

Georg Quander

Wir kennen die Geschichte von Romeo und Julia. Wir kennen sie so, wie William Shakespeare sie uns erzählt hat. Wir denken an die blutigen Auseinandersetzungen zwischen den beiden bis aufs Messer verfeindeten Familienclans, an das rauschende Fest im Hause Capulet mit der hinreißenden, schüchternen ersten Begegnung zwischen Romeo und Julia, an die Balkonszene, an den tödlichen Zweikampf zwischen Mercutio und Tybalt, die dralle Amme und den Morgen nach der heimlichen Brautnacht: »Es war die Nachtigall und nicht die Lerche ...«. Diese unnachahmliche Verknüpfung von Naturempfinden, politischem Chaos und ersten Liebesschwüren.

Und es scheint uns so, als habe Shakespeare die einzig gültige, die einzig wahre Form der Fabel erzählt. Dabei formte Shakespeare aus der Überlieferung nur eine Version der Geschichte, freilich die poetischste von allen. Erfunden hat er sie nicht. Er fand sie bei Arthur Brooke, der *The tragical History of Romeus and Juliet* einer 1554 erschienenen Novelle des italienischen Dichters Matteo Bandello nacherzählt hat.

Aber auch Bandello war nicht der Erste, der das hohe Lied dieser Liebe sang. Die Geschichte von Romeo und Julia taucht zum ersten Mal in der 33. Erzählung der

Novellen-Sammlung *Il Novellino* des Boccaccio-Schülers Masuccio Salernitano 1476 auf. Damals hießen die beiden noch Mariotto und Giannozza und das Geschehen spielte im toskanischen Siena. Gleichwohl enthält die Novelle bereits alle Grundzüge der Fabel wie die verbotene Liebe, die heimliche Trauung, den Bürgerzwist, die Flucht des Geliebten, den Scheintod des Mädchens durch den Trank des Mönches und den tragischen Ausgang.

Ihre entscheidende Umformung erfuhr die Erzählung knapp 50 Jahre später durch Luigi da Porto, der in seiner *Istoria novellamente ritrovata di due nobili amanti* die Handlung nach Verona verlegte, den Liebenden die Namen Romeo Montecchi und Julia Cappelletti verlieh und als Grund für die heimliche Heirat und die unüberbrückbare Kluft zwischen den Liebenden die tiefe, hasserfüllte Feindschaft zwischen den Familien einführte.

Das Gedicht hatte damit seine bis heute gültige Form und Atmosphäre erhalten, die im Folgenden von den Autoren, ob nun Bandello oder Shakespeare, bei unterschiedlicher Gewichtung einzelner Motive nur noch variiert und ausgeschmückt wurden.

Mit der Namensgebung aber hat da Porto einen entscheidenden Hinweis auf das politische Klima gegeben, in dem er seine Erzählung angesiedelt sehen und aus dem heraus er sie verstanden wissen wollte. Die Montecchis und Cappellettis oder Montagues und Capulets, wie sie uns geläufiger bei Shakespeare heißen, werden zum ersten Mal von Dante namhaft gemacht. Im »Purgatorio« seiner *Divina Commedia* begegnen sie uns als Vertreter jener beiden Adelslager, die im späten Mittelalter ganz Oberitalien in zwei verfeindete Parteien spalteten: die Guelfen und die Ghibellinen.

Die Ghibellinen, die ihren Namen wohl von Gibello ableiteten, der auf Sizilien gebräuchlichen arabischen Übersetzung des Namens Hohenstaufen, standen auf Seiten des Kaisers und damit der Zentralmacht, während die Guelfen, auf Seiten des Papstes stehend, stärker eine inneritalienische Politik verfochten, wenngleich auch ihr Name sich an einem deutschen Fürstengeschlecht, dem der mit den Hohenstaufen verfeindeten Welfen, festmachte.

Letztlich artikulierte sich in dieser Auseinandersetzung der beinahe das ganze Mittelalter über andauernde Grundkonflikt zwischen Kaisertum und Kirche, zwischen weltlicher Macht und geistlichem Führungsanspruch. Gewonnen hat ihn keine der beiden Seiten, das Papsttum fiel seinem politischen Taktieren selbst zum Opfer und geriet in die französische Gefangenschaft von Avignon, der staufische Traum vom mediterranen Weltreich zerbrach, und das Kaiserreich verlor seinen Einfluss in Italien zugunsten der Spanier und Franzosen. Aus den Trümmern des Mittelalters aber erhob sich in Italien die Renaissance – Ausdruck des in den Wirren des Bürgerkrieges entstandenen italienischen Selbstbewusstseins.

Dabei waren aus den Parteigängern längst Parteien mit eigenen Interessen geworden, die sich unabhängig von den ursprünglichen Gegensätzen bekämpften. So galt in Florenz z. B. bis ins 14. Jahrhundert die Volkspartei als guelfisch, während die Adelspartei ghibellinisch hieß. Noch heute kann man an den Zinnen der Burgen und Paläste, der Stadtmauern und Tore in Oberitalien sehen, welcher Fraktion sie einst zugehörten: die in Form eines Schwalbenschwanzes gekerbten Zinnen galten als ghibellinisch, die glatten, kantigen als guelfisch.

Dante beheimatete in seiner *Divina Commedia* die ghibellinisch gesinnten Montecchi in Verona, während die guelfisch gesinnten Cappelletti aus Cremona stammen sollten. Insofern ist Dante zwar für den seit da Porto gültigen Schauplatz der Tragödie, Verona, verantwortlich, nicht aber dafür, dass dem Touristen dort heute noch das »authentische« Haus der Julia gezeigt wird, das ja wohl eigentlich in Cremona stehen müsste.

Dante steckt die beiden verfeindeten Familien als abschreckende Beispiele einer bösen, aber nicht allzu fernen Vergangenheit ins Fegefeuer. Da Porto verlieh ihnen Unsterblichkeit, indem er sie in unauflöslicher Weise mit der Tragödie von Romeo und Julia verband. So konnten ihre Namen zu Synonymen für eines der schönsten und zugleich traurigsten Liebesgedichte der Welt werden, wie andererseits das Schicksal von Romeo und Julia zur Parabel für den unseligen Bruderzwist wurde, in dem sich Italien sinnlos zerfleischt hatte.

Für Shakespeare und sein Publikum war dieser Kontext zwangsläufig von nebensächlicher Bedeutung. Die dem Elisabethanischen Zeitalter vorausgegangenen Rosenkriege hatten dynastischen Charakter, sie spalteten die Herrschenden, doch sie verhetzten nicht das Volk untereinander. Gleichwohl verschweigt Shakespeare diesen Handlungshintergrund nicht, wenn er im Prolog ankündigt: »Und Bürgerblut befleckt die Bürgerhand«.

Wie ein Menetekel steht dieser Satz über seinem nachfolgenden Drama. Dennoch bleibt bei ihm der Parteienstreit bloße Folie für das tragische Geschick der Liebenden. Shakespeare individualisiert den zugrunde liegenden Konflikt. Er verkürzt ihn auf einen Privatkrieg verfeindeter Familienclans und gewinnt dadurch unsere Anteilnahme, scheint doch der unsinnige, durch nichts begründete Hass zwischen den Montagues und den Capulets einen Hoffnungsschimmer der Versöhnung durch die Kraft der Liebe zuzulassen.

Der ideologische und machtpolitische Kampf zwischen Guelfen und Ghibellinen bleibt vor den Pforten des Shakespeare'schen Theaters. Der elisabethanische Dramatiker begnügt sich mit einem örtlichen, auf Verona begrenzten Konflikt privater Natur, er verzichtet auf das Motiv der Staatskrise, die die beiden rivalisierenden Parteien miteinander stellvertretend austragen. Hierdurch nimmt er einige Ungereimtheiten in Kauf, die ihm indes so unwichtig erscheinen, dass er gar nicht erst versucht, sie aufzuklären – so z. B. die Frage, warum das veronesische Gemeinwesen in Gestalt des Fürsten Escalus so schwach ist, dass es noch nicht einmal der Mordlust der beiden Clans Einhalt gebieten kann. Hierfür bieten nur die italienischen Vorlagen eine Antwort: nämlich die Zerrüttung aller politischen Machtverhältnisse durch den Bürgerkrieg, der nur noch ein wirkliches Recht kennt, das des Stärkeren. So sind auch bei Shakespeare nicht nur der unbelehrbare Starrsinn und der unbeugsame Hass der beiden Familienvorstände gegen das unglückliche Paar, sondern auch ganz offensichtlich (wenn auch unausgesprochen) die Zeitläufte.

Shakespeare blieb nicht der letzte Dichter, der den *Romeo-und-Julia*-Stoff dramatisierte. Nur wenige Jahre später legte der große spanische Dichter Lope de Vega mit *Castelvines y Monteses* seine versöhnlich endende Version der Tragödie vor. Andere Autoren folgten ihm.

Die von Shakespeare bereits abgeschwächten staatspolitischen Inhalte weichen in der Folgezeit endgültig einer Betonung der individuellen Sphäre. Die Konsequenzen des Privatkonfliktes rücken in den Mittelpunkt: betont wird die familiäre Tragik der Liebenden Romeo und Julia.

Das Musiktheater entdeckte das Thema für sich Ende des 18. Jahrhunderts. Georg Benda schrieb 1776 ein Singspiel auf einen Text von Friedrich Wilhelm Gotter. Und

1785 erschien der Stoff gar erstmals als Ballett auf der Bühne, und zwar in Venedig, wo Eusebio Luzzi das Werk choreographierte. Vincenzo Galeotti, der Vorgänger des berühmten August Bournouville, legte den Stoff beim Königlich Dänischen Ballett in Kopenhagen als ein abendfüllendes Werk an, mit viel Pantomime zur Musik von Claus Schall.

Das 19. Jahrhundert brachte eine Reihe herausragender Vertonungen des Sujets hervor. Der bedeutende italienische Librettist Felice Romani schuf ein Libretto, das wieder stärker die inneritalienischen Hintergründe der Fabel, die Bürgerkriege des Spätmittelalters, in den Vordergrund rückte und als effektvolle Folie dem Liebesgeschehen unterlegte. Das Libretto wurde gleich zweimal vertont, zunächst 1825 von Niccola Vaccaj sowie fünf Jahre später von Vincenzo Bellini, der mit *I Capuleti e i Montecchi* seinen ersten Welterfolg erzielte. Ganz an Shakespeare hingegen orientierten sich die beiden großen französischen Komponisten, Hector Berlioz mit seiner 1829 entstandenen dramatischen Symphonie *Roméo et Juliette* und Charles Gounod mit seiner gleichnamigen Oper von 1867, zu der das bewährte Autorenteam von Jules Barbier und Michel Carré das Libretto schrieb. Auch Peter Tschaikowskys 1869 geschriebene Fantasie-Ouvertüre für Orchester geht auf Shakespeare zurück.

Das Tanztheater hat den Stoff für sich indes erst wiederentdeckt, nachdem der Stummfilm zu Beginn des 20. Jahrhunderts sich seiner bemächtigt hatte. So schufen Jean Cocteau bzw. Bronislawa Nijinska und George Balanchine Anfang der zwanziger Jahre erste, dem moderneren Tanz verpflichtete *Romeo-und-Julia*-Adaptionen, ehe Serge Prokofieff 1935 die zwar nicht letzte, aber bis heute bedeutendste und populärste Ballettpartitur des Stoffes schuf.

Anfangs hatte es Prokofieffs Werk allerdings nicht leicht, sich durchzusetzen, bis mit der russischen Erstaufführung von *Romeo und Julia* am 11. Januar 1940 am Leningrader Kirow-Theater in der Choreographie von Leonid Lawrowski das Werk seinen internationalen und bis heute andauernden Siegeszug über die Ballettbühnen der Welt antrat. Verfolgt man die Entstehungsgeschichte des Stoffes mit seinen sehr verästelten und komplizierten historischen und literarischen Wurzeln, die über die Jahrhunderte hin immer neuer und veränderter Exegese unterzogen wurden, so mag es verwundern, dass ausgerechnet ein solcher Stoff zu guter Letzt seine theatralische Gültigkeit in einer sprachlosen, ganz auf das Gestische gestellten Form behaupten konnte.

In der Tat scheinen sich Schauspieltext und Ballettlibretto wechselseitig auszuschließen, stehen doch dem oft dialektischen, die unterschiedlichen Standpunkte und Gefühle artikulierenden Dialog und den das Selbst reflektierenden Monologen des Schauspiels im Ballettlibretto nur stumme, kurze Regieanweisungen gegenüber.

Dass im Falle von Prokofieffs Ballett das Geschehen sich dennoch so problemlos vermittelt, mag in der starken gestischen Qualität von Shakespeares Vorlage begründet sein. Die kämpferischen Auseinandersetzungen zwischen den Capulets und den Montagues vermitteln sich auch ohne wortreiche Erklärungen der Standpunkte. Sie entzünden sich so spontan und kommentarlos wie Aggressionen sich irgend entzünden. Und der Ball im Hause Capulet als Ausdruck einer gesellschaftlich geordneten, in sich intakten, wenn auch nach außen hermetisch abgeriegelten Welt, ist bereits bei Shakespeare als Metapher eingeführt. Der Rest ist Liebe und Tod in Verzweiflung. Bereits das Romantische Ballett des 19. Jahrhunderts hat dafür Gesten und

Bilder von unmittelbar eingehender Wirkung gefunden: Die Abstraktion körperlicher Vereinigung zweier Liebender im Pas de deux ist ebenso Allgemeingut unserer Theaterrezeption wie die Verzweiflung des von seinem Partner fortgerissenen, vereinzelten, sich aufbäumenden Körpers eines einsamen Tänzers. Nicht zuletzt lebt der Stoff aber auch vom ewigen Gegensatz des Individuums zu der Gesellschaft, in der es lebt. Das findet sich schon in den literarischen Quellen ausgearbeitet und setzt sich über alle Spiegelungen des Themas fort. Gerade hierin liegt die spezifische Eignung von *Romeo und Julia* für das Musiktheater, für die Oper sowohl als für das Ballett, die beide ihre Kraft aus diesem Antagonismus und dem hieraus resultierenden Wechselspiel zwischen Tutti und Solo beziehen. Und dieses Wechselspiel vermittelt sich physisch. Es bedarf nicht der Sprache. Ja, vielleicht offenbart sich der Unterschied zwischen öffentlichem Leben in der Gemeinschaft von Familie, Stand und Staat und der individuellen, scheinbar schrankenlosen Selbstverwirklichung des Ich im Alleinsein oder der Zweisamkeit der Liebe im Schweigen beredter Gesten noch deutlicher, noch erschütternder, weil unmittelbarer und ungeschützter als in Rede und Gegenrede. Die emotionale Höhe, auf die diese Pantomime durch den Orchesterkommentar gehoben wird bzw. dem sie entwächst, entfaltet hierbei zweifellos ihre ganz eigene, suggestive Wirkung. Aber auch sie bleibt abstrakt. Klänge sind niemals konkret. Umso größer sind ihre emotionalen Wirkungen: indem sie Stimmungen heraufbeschwören können, zwingen sie den Zuhörenden zu assoziieren und das stumme Geschehen mit eigenen Untertexten zu unterlegen.

So ist die Erschütterung im Zuschauer am Ende des Stückes bei der Wortlosigkeit des Balletts womöglich größer als im Schauspiel, wo die langwierigen Erklärungen der Todesumstände des Liebespaares und die Selbstanklagen der Eltern und aller anderen die Stimmung des Liebestodes in seiner irdischen Verzweiflung und transzendentalen Überhöhung zu zerstören und wieder zu banalisieren drohen.

Reinhold Begas
AMOR UND PSYCHE

ZUR MUSIK VON
»ROMEO UND JULIA«

Julien Salemkour

Prokofieff war nicht nur Komponist, sondern trat auch mit zahlreichen kommentierenden Äußerungen zu seinem Schaffen streitbar und humorvoll als Zeuge in eigener Sache in die Öffentlichkeit. Zu den interessantesten Aussagen Prokofieffs über seine eigene Musik zählt eine Einteilung seiner Werke in fünf kompositorische Kategorien, welche die Übersicht erheblich erleichtern: »Die erste Linie ist die klassische, die bis in die Kindheit zurückreicht, als meine Mutter mir die Sonaten von Beethoven vorspielte. [...] Die zweite Linie ist die Innovationslinie, [...] zunächst stellt diese Linie die Suche nach der eigenen Harmoniesprache dar, später verwandelte sie sich in die Suche nach einer Sprache, um starke Emotionen auszudrücken. [...] Die dritte Hauptlinie ist die toccatische bzw. die motorische, die wahrscheinlich von der Toccata Schumanns herrührt, die mich seinerzeit sehr berührt hatte. [...] Die vierte Linie ist die lyrische. [...] Ich möchte mich auf diese vier Linien beschränken und die fünfte, die ›groteske‹, die mir einige anzuhängen versuchen, eher als Krümmungen der bereits erwähnten Linien ansehen. Jedenfalls protestiere ich gegen das Wort ›Groteske‹, das bei uns so abgedroschen ist, dass es Widerwillen hervorruft. [...] In bezug auf meine Musik würde ich es lieber durch den Terminus ›Scherzhaftigkeit‹ ersetzen oder mit drei russischen Wörtern, die seine Gradation wiedergeben: ›schutka‹ (Scherz), ›smech‹ (Lachen), ›nasmeschka‹ (Spott), beschreiben.«[1]

Die Meisterschaft eines Komponisten liegt jedoch nicht nur in dem Vermögen, der Eintönigkeit durch Abwechslung der musikalischen Elemente zu entgehen, sondern seine Meisterschaft spiegelt sich ebenso in der Ausgestaltung des kompositorischen Details in der Beziehung zur musikalischen Gesamtform. Wie verfährt der Komponist aber nun im Detail, wenn es z. B. um die Charakterisierung einer seiner Hauptfiguren oder um die Lösung irgendeines kompositorischen Problems geht?

Bereits in der Auftrittsmusik des Romeo zaubert Prokofieff mit wenigen Mitteln eine psychologisch vieldeutige Situation hervor: Ironie, Verträumtheit und Lässigkeit sind aus den folgenden Takten herauszuhören:

Für sich genommen sind Basslinie und Diskant in tonaler Hinsicht folgerichtig. Allerdings vollziehen sich in der Oberstimme harmonische Verwandlungen (»Verträumtheit«), während die Basslinie in der Grundtonart bleibt (»Lässigkeit«). Im sechsten Takt wirkt der Querstand von Bass und Diskant (G-gis) unbekümmert und ziemlich keck (»Ironie«). Durch die kompositorische und instrumentatorische Transparenz entgeht dem aufmerksamen Hörer

SAN ZENO

hier wie überhaupt über weite Strecken in Prokofieffs Musik kein einziges Detail.

»Er ist sehr nachdenklich«, vermerkt das Libretto[2] in Bezug auf die Schlusstakte dieses Satzes

die im Verlauf des Werkes an bedeutenden Stationen des Dramas erklingen, so zum Beispiel am Beginn der Balkonszene. Einerseits nimmt diese Wendung mit dem Fundamentalschritt von der Dominante zur Tonika Bezug zur »heilen Welt« harmonisch verbindlicher Musiksprache, andererseits verschleiert die chromatische Fortschreitung der Oberstimmen jene Zielgerichtetheit. In seiner Diskretion ist diese Wendung noch kaum signifikant genug um ein »ausgewachsenes« Leitmotiv abzugeben, aber es erscheint häufig in der Funktion des Abgesangs eines Themas. Ebendiese Wendung erklingt bei Julias Sterbeszene, wo sie das Hinübergleiten ihrer Seele in eine andere Welt andeuten. Was folgt, ist eine leise traurige Coda, vielleicht die längsten und traurigsten elf Takte, die je in C-Dur geschrieben worden sind.[3]

Wiewohl dieses Beispiel zeigt, dass Prokofieffs musikalische Sprache durch die Tonalität geprägt wird, hören wir in seiner Musik ein weit größeres Gefälle zwischen Konsonanz und Dissonanz als wir es aus der Musik der Wiener Schule gewohnt sind, da diese mit Hilfe der Emanzipation der Dissonanz auf eine weitgehende Homogenität der harmonischen Sprache bedacht war. Für den Einsatz dissonanter Klänge bietet die Überleitungsmusik »Des Herzogs Befehl« ein herausragendes Beispiel:

In dem Aufbau der Cluster im ersten und zweiten sowie neunten und zehnten Takt vollzieht sich die Akkumulation der harmonischen Spannung, welche die beiden dissonanten, hart instrumentierten Akkorde im dritten bzw. elften und zwölften Takt vorbereiten. Auf diese Weise ist es Prokofieff gelungen, die Undurchdringlichkeit autoritärer Macht mit eindringlicher Deutlichkeit darzustellen.

Ganz anders verfährt Prokofieff bei der Gestaltung der Themen von Julia. Hier dominieren die hellen Orchesterfarben. Bei der Begegnung von Romeo und Julia auf dem Ball erscheint ein neues Thema.

Antonio Canova
AMOR UND PSYCHE

Dies ist ein Thema, welchem nicht nur seine unregelmäßige Gliederung, sondern auch eine raffinierte Verschiebung der melodie-immanenten Harmonik gegenüber dem tatsächlichen harmonischen Verlauf der Begleitstimmen eine geheimnisvolle Schwerelosigkeit verleihen.

Die Musik zu *Romeo und Julia* stellt eine vollendete Ausdifferenzierung der von Prokofieff selbst formulierten fünf kompositorischen Elemente dar: In der strengen formalen Gliederung der einzelnen Sätze erscheint die »klassische Linie«, die »Innovationslinie« manifestiert sich in den Episoden, die im Zusammenhang mit den tödlichen Konflikten stehen, aber auch in den lyrischen Passagen finden sich fremdartige harmonische Wendungen. Die »motorische Linie« ist als kontinuierliche Bewegung in manche Passagen des Werkes eingeflossen. In der Gestalt des Mercutio schließlich fand Prokofieff die ideale Vorlage für seine Begabung, »Scherzhaftigkeit« in Musik zu fassen. Voller Mercutio'scher Ironie schreibt Prokofieff, der Meister lyrischer Themen, »Sehr lange Zeit hat man mir überhaupt jegliche Lyrik abgesprochen, und ohne Ermunterung entwickelte sie sich nur langsam. Dafür habe ich ihr später zunehmend immer mehr Aufmerksamkeit geschenkt.«

1 Hermann Danuser, Juri Chopolow und Michail Tarakanow (Hg.), *Sergej Prokofjew. Beiträge zum Thema, Dokumente, Interpretationen, Programme, Das Werk*, Duisburg 1990; darin: *Sergej Prokofjew, Autobiographische Aufzeichnungen, eine Montage* von Michail Tarakanow, S. 40f.
2 Vgl. hierzu *Das Szenarium der Partitur Prokofieffs*, S. 64ff. in diesem Band.
3 Die charakteristische Instrumentalfarbe des Schlussakkordes ist das Englischhorn, das einzige Instrument, welches im Schlussakkord des *Tristan* schweigt.

ROMEO UND JULIA

Das Szenarium der Partitur Prokofieffs

Die Nummerierung bezieht sich auf die Angaben in der Partitur; die Ziffern geben den musikalischen Ablauf wieder.

Nr. 1. | Einleitung

ERSTER AKT

Erstes Bild: Die Straße

Nr. 2. | Früher Morgen. Romeo geht vorbei, er ist sehr nachdenklich. Vielleicht versuchen irgendwelche Passanten oder Mädchen ihn aufzuhalten, doch er reagiert nicht.
Nr. 3. | Die Straße wacht auf. Nachtschwärmer kehren heim. Die Stimmung ist harmlos und entspannt.
Nr. 4. | Der Tanz.
Nr. 5. | Es entspinnt sich ein Konflikt und eine Prügelei. Letztere ist nicht besonders heftig, mit Pausen. Bürger und Diener.
Nr. 6. | Heftige Schlacht. Die bewaffneten Ritter.
(39) Sturmläuten. Der Herzog auf dem Pferd. (40) Mit seinem Erscheinen geht die Schlacht zu Ende.
Nr. 7. | Die fragende Geste des Herzogs. Die Antwort: die Waffen werden fallen gelassen. Die zweite Geste des Herzogs. Die Antwort: alte Menschen treten vor; vielleicht kniet jemand nieder. Vorhang.
Nr. 8. | Zwischenspiel zwischen zwei Bildern, das die Macht des Herzogs darstellt. Eine Sinfonie und ein Militärorchester. Die Spieler des Militärorchester können die

Kostüme tragen und den Herzog vor dem Vorhang über die Vorderbühne führen.

Zweites Bild: Das Haus Capulet

Nr. 9. | Die Ballvorbereitungen. Diener. (48) Die Amme.

Nr. 10. | Julia rennt herein. Sie ist vierzehn Jahre alt. Sie scherzt und tollt herum wie ein Mädchen und mag sich nicht anziehen zum Ball. Die Amme schafft es trotz allem, ihr das Kleid anzuziehen. (55) Julia vor dem Spiegel. Sie sieht im Spiegel eine junge Frau und denkt nach. (58)-(59) Julia rennt weg.

Nr. 11. | Menuette. Die Gäste kommen. Sie kommen mit großen Mänteln und Schals. Der Tanz zeigt das Ablegen dieser Kleidungsstücke. Die Gäste verschwinden allmählich im Innern des Raums.

Nr. 12. | Romeo, Mercutio und Benvolio mit Masken. Mercutio und Benvolio scherzen. (75) Romeo ist nachdenklich.

Nr. 13. | Im Inneren des Raumes geht eine Portiere auf. Der Tanz der Ritter. Sehr schwer, vielleicht mit Rüstung. (81) Die Damen tanzen. (83) Die Herren. (84)-(88) Julia tanzt zeremoniell und gleichgültig mit Paris. Romeo bewundert sie. (88) Langsam entwickelt sich wieder ein gemeinsamer Tanz.

Nr. 14. | Julias Variation. Julia ist zuerst verlegen, dann lebt sie auf. (96) Julia ist wieder verwirrt und rennt weg.

Nr. 15. | Mercutio – mit Maske – scherzt, belebt die Gesellschaft.

Nr. 16. | Madrigal. (107) Romeo liebend. (108) Julia ausgelassen. (109) Romeo – wärmer als zuvor. (110) Julia wieder ausgelassen. (111) Zusammen, zärtlich. (113) Julia befreit sich und rennt ausgelassen weg.

Nr. 17. | Tybalt erkennt Romeo. (115) Capulet beruhigt Tybalt. (116) Tybalt wütend. (120) Capulet beruhigt ihn wieder. Die Freunde führen ihn weg.

Nr. 18. | Zu den Klängen einer Gavotte entfernen sich die Gäste. Die Bühne leert sich, die Lichter erblassen.

Nr. 19. | Der halbdunkle Saal. (135) Julia kommt herein, vielleicht in der Nachttoilette. Sie sucht eine Blume oder ein Tuch, etwas, was sie während der Begegnung mit Romeo verloren hat. (136) Hinter einer Säule erscheint Romeo. Julia ist verlegen. (137) Der Anfang des Liebestanzes.

Nr. 20. | Romeos Variation.

Nr. 21. | Der Liebestanz von Romeo und Julia.
(Nr. 19, 20 und 21 entsprechen der Balkonszene von Shakespeare. Falls ein Theater die Möglichkeit hat, das Bühnenbild mühelos zu verwandeln, dann kann man die oben genannten Nummern als Balkonszene aufführen.)

ZWEITER AKT

Erstes Bild: Der Platz
(Das gesamte Bild zeigt ein Straßenfest. Es ist der Hintergrund der Geschehnisse.)

Nr. 22. | Volkstanz.

Nr. 23. | Romeo geht vorbei, er denkt an Julia. (171) Mercutio grüßt ihn und scherzt mit ihm. (173) Romeo.

Nr. 24. | Die Feier geht weiter. Der Tanz der fünf Paare, die Bewegung ist klein. (182) Ein Karnevalszug mit einem Orchester geht über die Straße. (188) Der Tanz geht weiter.

Nr. 25. | Der Tanz mit den Mandolinen.

Nr. 26. | Die Amme sucht Romeo, sie hat eine Nachricht von Julia.

Nr. 27. | Die Amme übergibt Romeo Julias Ring. Romeo ist aufgeregt, er rennt weg.

Zweites Bild: Bei Lorenzo

Nr. 28. | Romeo ist bei Lorenzo.
Nr. 29. | Lorenzo lässt Julia herein, sie ist in Weiß, sie verkörpert die Jungfräulichkeit. (213) Romeo und Julia.
(215) Lorenzo vermählt die beiden.
Nr. 30. | Die Karnevalspaare gehen vor dem geschlossenen Vorhang vorbei.

Drittes Bild: Der Platz
(wie im ersten Bild dieses Aktes)

Nr. 31. | Wieder ein Tanz im Stil eines Volkstanzes. Mercutio und Benvolio tanzen an der Seite einiger Mädchen mit.
Nr. 32. | Der Tanz wird plötzlich durch die Begegnung von Tybalt und Mercutio unterbrochen. Sie schauen einander an, das Blut kocht. (250) Romeo erscheint, er versucht, sie zu versöhnen. (251) Tybalt wirft Romeo den Handschuh hin. (253) Romeo gibt ihn zurück.
(254) Mercutio geht auf Tybalt los.
Nr. 33. | Duell Tybalt und Mercutio. Die Takte 3 bis 5 nach (256) zeigen die Verzweiflung Romeos. Bei dem letzten Akkord verletzt Tybalt Mercutio.
Nr. 34. | Tybalt ist weg. Mercutio scherzt noch vor dem Tod. Er stirbt.
Nr. 35. | Benvolio rennt weinend zu Romeo, der sich entschließt, Mercutio zu rächen. (271) Tybalt kommt zurück. (272) Duell Romeo und Tybalt. Im Vergleich zum Duell zwischen Mercutio und Tybalt, bei dem sich die Gegner

der ernsten Lage nicht bewusst waren, ist dieses Duell heftiger, es geht um Leben und Tod. (280) Romeo tötet Tybalt.

Nr. 36. | Benvolio umhüllt Romeo mit einem Mantel und schickt ihn weg: Fort! Die Capulets schwören Rache. Der Leichenzug.

DRITTER AKT

Erstes Bild: Julias Schlafzimmer
(Im Vergleich zu den ersten Akten, die auf der Straße stattfanden, verläuft der dritte Akt in Zimmern. Deshalb ist Kammermusik angebracht.)

Nr. 37. | Einleitung, die an die Macht des Herzogs, auch über Romeos Schicksal, erinnert.

Nr. 38. | Julias Schlafzimmer. Romeo und Julia. Sehr früher Morgen. Damit die merkwürdige Situation zu keinen Missverständnissen führt, versucht der Autor die Musik rein und hell zu geben.

TYBALT, der Neffe der Gräfin Capulet, tritt als aggressiver Unruhestifter und Anführer der kampfbereiten Capulets auf. Unter der Maske eines falschen Ehrenkodex provoziert er die Familienfehde immer wieder aufs Neue.

Nr. 39. | Abschied Romeo und Julia. Zum Schluss geht Romeo. (Vielleicht erscheint die Amme.)
Nr. 40. | Die Amme warnt Julia, dass die Eltern mit Paris zu ihr kommen. Die Eltern erklären Paris zum Bräutigam. Paris überreicht einen Blumenstrauß.
Nr. 41. | Julia weigert sich, Paris zu heiraten. (301) Julia

weint. (302) Julia ist wütend. (303) Julia ist klein, hilflos und unglücklich. Die Eltern führen Paris während dieser Szene vorsichtig weg. (304) Der Vater befiehlt Julia, Paris zu heiraten, und droht damit, sie zu verstoßen, wenn sie nicht gehorcht. Die Eltern gehen.

Nr. 42. | Julia allein. Sie entschließt sich, zu Lorenzo zu gehen. Vorhang.

Nr. 43. | Szenenwechsel.

Zweites Bild: Bei Lorenzo

Nr. 44. | Der 3. Takt: Lorenzo. Der 7. Takt: Julia. Der 12. Takt: Lorenzo. Der 16. Takt: Julia. Der fünfte Takt nach (314): Lorenzo überreicht das Getränk. (316) Die Bereitschaft, Beruhigung und Begeisterung Julias. (319) Julia geht, sie wird zu einer tragischen Figur.

Nr. 45. | Szenenwechsel.

Drittes Bild: Julias Zimmer

Nr. 46. | Julia teilt den Eltern ihre Bereitschaft mit, in die Ehe mit Paris einzuwilligen. Sie tanzt mit ihm, (326) währenddessen bricht ihre Verzweiflung hervor. (328) Julia schickt alle Anwesenden fort.

Nr. 47. | Julia allein. Der Tanz mit dem Getränk. (331) »Ich trinke auf dich, Romeo!« Sie trinkt, schläft ein. 8 Takte nach (331): die Angst vor dem Tod; 3. Takt nach (332): sie trinkt; der 5. Takt nach (332): sie trinkt noch einmal; (333) sie wird schwach, sie schläft im Bett ein.

Nr. 48. | Hinter den Kulissen erklingen leise, lustige Mandolinenklänge. Gemäß der Tradition kommt Paris am Tag der Hochzeit mit Freunden und Geschenken, um die Braut zu wecken.

Nr. 49. | Der Tanz der Freundinnen mit den Blumen.
Nr. 50. | Unruhe, weil Julia nicht reagiert. (345) Die Mutter und die Amme wollen sie wecken. (346) Sie ist tot. Der Vorhang schließt sich drei Takte vor dem Schluss.

VIERTER AKT (Epilog)

Julias Grab

Nr. 51. | Der Leichenzug. (353) Romeo erscheint. Seine Verzweiflung. (358) Er stirbt.
Nr. 52. | Julia wacht auf. Sie sieht den toten Romeo. (360) Die Liebe zu Romeo. (362) Julia ersticht sich. (363) Julia stirbt langsam, umarmt Romeo. Ein paar Menschen nähern sich unentschlossen.

> EINEN DÜSTEREN FRIEDEN BRINGT
> DIESER MORGEN MIT SICH. DIE SONNE
> WILL AUS KUMMER NICHT IHR HAUPT ZEIGEN.
> GEHT FORT, UM MEHR ÜBER
> DIESE TRAURIGEN DINGE ZU SPRECHEN.
> EINIGE SOLLEN BEGNADIGT WERDEN UND
> EINIGE BESTRAFT.
> DENN NIE GAB ES EINE GESCHICHTE
> VON GRÖSSEREM LEID ALS DIESE
> VON JULIA UND IHREM ROMEO.
>
> *Escalus, V · 3*

KAPUZINERKLOSTER SAN FRANCESCO AL CORSO
Das Grab der Julia

EIN POETISCHER BAUTEIL:
DER BALKON

Carsten Niemann

Er ist ein seltsamer Gebäudebestandteil, der Balkon. Mal ist er schmückendes Anhängsel von Bürgerhäusern oder Adelspalästen, dessen wuchtige Balusterbrüstung grandios über die fehlende praktische Funktion hinwegtäuscht. Dann wiederum ist er eine praktische Erweiterung der Wohnung, ein mit Stolz erwähnter und extra bezahlter Zusatznutzen, durch Batterien leuchtender Geranien notdürftig gegen die neugierigen Blicke von Nachbarn und Passanten geschützt, ein großstädtisches Refugium, auf dem Liegestuhl, Frühstückstisch und Grill platziert werden. Oder aber er wird hingenommen als willkommene Anzahl von zusätzlichen Quadratmetern, auf denen Küchenkräuter und Wäscheständer ihren Platz finden.

Vielleicht ist es die Unsicherheit darüber, was mit dem Balkon denn sinnvollerweise anzufangen sei, welche die Verfasser architektonischer Einführungen antreibt, sich so lange bei der begrifflichen Bestimmung dessen, was ein Balkon ist, aufzuhalten. Der Balkon, lassen wir uns belehren, tritt aus der Fluchtlinie des Baues hervor – man nennt dies fachsprachlich hervorkragen –, während die Loggia hinter dieselbe zurücktritt. Der Altan wiederum gleicht dem Balkon insofern, als auch er eine hervorkragende Freifläche schafft, doch mit dem Unterschied, dass dieser frei zu schweben scheint, während jener von Säulen oder Rundbogen gestützt wird. Geht es aber um die Nutzungsbestimmung des Balkons, da werden selbst die Verfasser nüchterner technischer Architekturleitfäden unvermittelt poetisch: »Der Balkon stellt uns heraus vor die bergenden Wände des Hauses, hebt uns über die tragende Breite des Bodens, gibt den Blick und die Gedanken frei in die Umwelt und Ferne. Wir fühlen uns wohl noch geborgen vom Raum, durch den man ihn betritt, dem er mehr oder weniger vorgelagert ist, aber wir geben uns auch der ihn umgebenden Weite hin, der Pracht der ziehenden Wolken, der untergehenden Sonne und dem ewigen Sternenhimmel.« (Prof. Franz Schuster, 1962)

Ja, das ist es wohl: jenseits aller wechselnden praktischen Nutzung ist der Balkon ein Baubestandteil, der zur Poesie anregt, zum Beobachten und Betrachten der Umwelt von der sicheren Warte der eigenen Wohnung aus.

Dabei waren es ganz unterschiedliche Funktionen, die diesen hervorkragenden Gebäudeteil für poetische Gemüter so attraktiv machten. Da ist einmal seine erhobene Position: der Balkon bietet einen Überblick. Von seiner Warte aus ermöglicht er den teilnehmenden und doch distanzierten Blick auf das Treiben auf den Straßen, Plätzen und Boulevards der wachsenden Großstädte. Die Stunde des modernen Balkons schlug in der Biedermeierzeit, die eine

MERCUTIO, Romeos Freund, folgt als lebensfroher und unabhängiger Charakter seinen eigenen Gesetzen. Ursprünglich als wortgewandte, situationskomische Figur angelegt, bildet sein Tod den definitiver Wendepunkt zum Tragischen.

Zeit des gebrochenen Bürgerbewusstseins war: was zunächst als Nachahmung großbürgerlich-adeliger Repräsentation begonnen hatte, endete im kleinbürgerlich-behaglichen Rückzug. Zwar empfand man es nun nicht mehr als unziemlich, die Vertreter der Oberschicht aus luftiger

PORTA DEI BOMBARDIERI

Höhe zu betrachten; doch zugleich begann man, neben der repräsentativen Funktion des Balkons seine Behaglichkeit zu schätzen: Seit den 20er Jahren des 19. Jahrhunderts zeigen Stadtansichten begrünte Freiflächen am Bau. Gleichzeitig stattete man die Kaffeehäuser mit lang gestreckten Balkonen aus, von denen aus diejenigen, die sich die müßigen Stunden erlauben konnten, ihre Mitbürger beobachteten – und kommentierten.

Zur Poesie regt der Balkon also an – und zur Pose: denn blickt jemand von unten zum Beobachtenden hinauf, erblicken wir Nachbarn an den Fenstern der gegenüber liegenden Häuser, so wird die erhobene Freifläche unversehens zur Bühne und der Beobachter zum Darsteller.

Nicht von ungefähr hat der Balkon einen Gründungsmythos, der Theatralität und Beobachtung in einem Bild vereinigt: Im Jahre 318 vor unserer Zeitrechnung soll der Prätor Caius Menius verfügt haben, dass man auf den Rundbogen, die das Forum Romanum umgaben, hängende Loggien anbringen möge, damit von ihnen aus mehr Volk die Vorführungen und Spiele verfolgen könne, die auf dem Forum veranstaltet wurden. Eine zweite Überlieferung besagt, dass es ein anderer Römer gleichen Namens war, der um das Jahr 184 vor Christus in der Nähe des Forums eine Villa mit Balkon errichten ließ. Die habe er später an Marcus Porcius Cato verkauft, der an seinem Haus einen weiteren Altan anbrachte, von dem er dann die Spiele auf dem Forum beobachtete. Diese zweite Legende ist komplizierter und weniger populär und kommt deswegen wohl der Wahrheit näher. Sicher ist jedenfalls, dass der Balkon in den folgenden Jahrhunderten eine große Rolle als Bühne der Reichen, der Mächtigen und der die Weltläufe Bewegenden spielte. So kennen wir den Balkon auch heute noch: ein Ort, gleichermaßen geeignet zum

Sehen und zum Gesehenwerden, ein Platz, wo Huldigungen gewährt und empfangen werden, wo man Beifall klatscht und bejubelt wird. Nirgends hat sich der Balkon in dieser Funktion so deutlich erhalten wie in den Mittellogen unserer europäischen ehemaligen Hoftheater, wo zwar keine Trompetenstöße mehr den Zuschauern das Nahen der königlichen Herrschaften ankündigen, dessen prominente Gäste bei feierlichen Gelegenheiten noch heute die Blicke anziehen, und wo so manche Abendgarderobe dazu angetan ist, in sanfte Konkurrenz mit der Bühne zu treten.

BENVOLIO, Romeos Cousin und Freund, ist eher friedfertig veranlagt. Aus dem Italienischen übersetzt bedeutet Benvolio etwa: gutmütiger Mensch; er versucht, die Auseinandersetzungen zwischen den Capulets und den Montagues zu schlichten.

Es gibt Balkone, die sind mit dem Wissen um ihre theatralische Funktion konstruiert. Der Balkon (oder genau genommen: die Loggia) an der Fassade des Petersdoms zu Rom erfüllt so alljährlich seine unscheinbare, aber tragende Rolle bei dem päpstlichen Ostersegen, den Seine Heiligkeit ›urbi et orbi‹ – also zugleich der Stadt (vertreten durch die auf dem Petersplatz versammelte Menschenmenge) und dem Erdkreis – spendet. Andere Balkone müssen über Jahrzehnte, gar Jahrhunderte warten, bis ihr großer Auftritt kommt: geradezu unscheinbar wirkt der balkonartige Fensteraustritt am rechten Flügel des Berliner Reichstags, von dem aus Philipp Scheidemann 1918 die Republik ausrief – ganz im Gegensatz zum Portal IV des Berliner Stadtschlosses, von dem Karl Liebknecht wenige Stunden danach die »freie sozialistische Republik« proklamierte. Wer hätte dem königlichen Austritt an der Wiege gesungen, dass ihn dieser proletarische Ritterschlag als einzigen von seinen goldbebrüsteten Pendants vor dem Untergang retten sollte? Doch auch die jüngste deutsche Geschichte zeigt, dass selbst im Medienzeitalter, in dem das Verkünden politischer, gesellschaftlicher und religiöser Botschaften längst nicht von dem Vorhandensein eines erhöhten Standpunktes abhängt, die Wirkung der Balkonrede ungebrochen ist: Wie die Reden Scheidemanns und Liebknechts das Ende des Kaiserreichs besiegelten, so markiert Hans-Dietrich Genschers Auftritt auf dem Balkon der Prager Botschaft mehr noch als seine im Jubel verhallen-

Graf PARIS, Verwandter des Fürsten von Verona und Mercutios, wirbt um Julia. Die von den Capulets befürwortete Ehe zwischen ihrer Tochter und Paris wird nach dem Tod Mercutios zur akuten Bedrohung für Romeo und Julia, sie ist damit Anlass für Lorenzos Scheintod-List.

den Worte (»Wir sind gekommen, um Ihnen mitzuteilen, dass Ihre Ausreise ...«) den Anfang vom endgültigen Untergang der DDR.

Nicht nur Revolutionen und politische Umwälzungen machten den Balkon zum Ausdruck der Macht. Denn nicht allein das Streben nach staatlicher Gewalt ließ so viele Männer unter Gefahren die Balkone der Geschichte besteigen, sondern eben auch – die Macht der Liebe. Unzählige Male ist die Situation in Romanen, Gedichten und Theaterstücken, in Malerei, Film und Comic beschworen worden: Der Mann steht unten und blickt hinauf zur Angebeteten, die er nur mit den Augen zu erreichen vermag, während ihn das Dunkel der Nacht vor misstrauischen

Vätern, wachsamen Ammen und eifersüchtigen Neben-buhlern schützt. Es ist ein Bild, das die Widersprüche der Liebe in sich fasst: Unerreichbar ist die Angebetete – und doch nah. Mächtig ist die auf dem Balkon Thronende – und doch ist die Herrscherin über das für sie schlagende Herz eine Gefangene: Die kunstvoll geschmiedeten oder geschnitzten, mit rankenden Ornamenten versehenen Balkonbrüstungen sind lockender Schmuck und Käfiggitter zugleich, sie erlauben den Durchblick und grenzen ab. Diese Distanz ist nur mit Mut zu überwinden – und mit Fantasie. Platonisch versuchten es den Legenden nach die Minnesänger des Mittelalters; ein Klischee, über das sich Heine in einem Gedicht mit feiner Ironie lustig machte: »Phantasie, die schäumend wilde, ist des Minnesängers Pferd,/und die Kunst dient ihm zum Schilde, und das Wort, das ist sein Schwert./Hübsche Damen schauen munter vom beteppichten Balkon,/doch die Rechte ist nicht drunter mit des Sieges Myrthenkron'.« Im süddeutschen Volksmund bleiben wenig Fragen hinsichtlich der Absichten offen, wenn es heißt, dass jemand der Angebeteten »auf die Laub'n gestiegen« sei – wobei die »Laub'n« der Ausdruck für die galerieartig lang gezogenen Balkone der traditionellen Alpenhäuser ist.

Ganz besonders aber liebt das Theater den Balkon, und das nicht erst, seit Shakespeare die aus den Galerien der Wirtshausarchitektur hervorgegangene, erhobene zweite Spielfläche des Globe Theatres zur berühmtesten aller Balkonszenen nutzte. Und auch nach dem Siegeszug der Guckkastenbühne fügte man Balkone in Rückprospekte ein oder ließ sie aus den Kulissen hervorkragen, um sich die vielfältigen spielerischen Möglichkeiten zu erhalten, welche diese Verbindung zwischen Innen und Außen bereithält. Ein ganz eigenes Kapitel könnte dem Balkon in

LOGGIA DEL CONSIGLIO

der Geschichte des Musiktheaters gewidmet sein, denn seit dem *Don Giovanni* und dem *Barbier von Sevilla* ist die Riege der Liebhaber nicht abgerissen, die sich mittels eines Ständchens der Angebeteten und dem Publikum auf das Vorteilhafteste zu präsentieren suchen.

Die Moderne hat den Mythos Balkon kräftig entzaubert. Manchen Romeo der Romantik finden wir wieder auf den Privatfotografien der Gründerzeit: da tritt er, der besseren Lichtverhältnisse wegen, hinaus auf einen der nun massenweise an die Mietshäuser geklebten, mit falschen Stuckvoluten nur verzierten und in Wirklichkeit von profanen Stahlträgern gestützten Balkone, um sich als würdiger Ernährer im allzu engen Kreise der nach Größe geordneten Familie ablichten zu lassen. Die Nachkriegsarchitektur schuf Balkone für jedermann: großzügig, praktikabel und doch oft erschreckend trist. Hat man bei den Balkonfassaden des 19. Jahrhunderts bisweilen eine angenehme Stakkato-Melodie assoziiert, so dürften die brutal nebeneinander gehängten Betonwannen vieler Häuser der fünfziger bis siebziger Jahre eher an Maschinengewehrfeuer erinnern. Gleichzeitig rückte man dem Mythos Balkon auch literarisch zu Leibe: In Jean Genets Drama »Der Balkon« (1956) steht der Name für ein Bordell in Zeiten einer blutigen Revolution: für einen Ort, wo die Macht der Bilder und der Illusionen über die Wirklichkeit triumphiert. Ist der Zauber des hervorkragenden Gebäudeteils deswegen schon dahin? Wohl nicht. Wie der Architekturprofessor Franz Schuster können auch wir nach langer nüchterner Beschäftigung mit der Freifläche am Bau zu dem erstaunten Fazit kommen: »Das ist das Merkwürdige – man kann da nur Besonderes tun.« Und wenn uns die Symbolkraft des poetischen Bauteil zu groß und bedrückend wird, gibt es freundliche Arten, sie zu brechen: Über

dem Balkon, wo Scheidemann die Republik ausrief, steigt
das Volk den Abgeordneten aufs Dach. Und die Julias unserer Zeit wären in der Lage, auch einmal selbst den einen
oder anderen efeuberankten Balkon zu erklimmen.

Antonio Lombardi
MARS, VENUS UND AMOR

WILLIAM SHAKESPEARE 1564-1616

Man weiß erstaunlich wenig über einen der bekanntesten Dramatiker der Weltliteratur – lautet eine oft betonte Problematik der Shakespeare-Forschung. Schon sein genaues Geburtsdatum ist unbekannt: als erwiesen gilt lediglich, dass William Shakespeare, Sohn des Kleingrundbesitzers und Handschuhmachers John Shakespeare und Mary Arden, am 26. April 1564 in der englischen Provinzstadt Stratford-upon-Avon getauft wurde und an der örtlichen Grammar School Lateinunterricht erhielt. Auch über die gemeinhin als »the lost years« bezeichneten Jahre zwischen 1585 und 1592 kann man nur Vermutungen anstellen: dass Shakespeare wahrscheinlich keine Universität besucht hat, vielleicht aber als Lehrer in der Provinz arbeitete, vielleicht den Posten eines Hausdieners annahm oder zum Militär ging.

Dabei ist der Lebenslauf des universalen Theatermanns der Renaissance für die Verhältnisse der Elisabethanischen Zeit recht gut dokumentiert: die Biographie als Genre war noch nahezu unbekannt und biographische (Selbst-)Zeugnisse blieben eher die Ausnahme. Obwohl wahrscheinlich mehrere Dokumente durch unglückliche Umstände verloren gegangen sind, haben sich andererseits viele Hinweise erhalten: dass Shakespeare im November 1582 in Stratford Anne Hathaway heiratete, im Mai 1583 seine Tochter Susanna geboren wurde und zwei Jahre später die Zwillinge Judith und Hamnet zur Welt kamen. Um 1592 tauchte sein Name in Londoner Theaterkreisen auf: Shakespeare widmete seine frühen Dramen *Venus und Adonis* (1593) und *Der Raub der Lucretia* (1594) dem Earl of Southampton und zumindest zeitweise wurde er von Sou-

thampton im Konkurrenzkampf der Londoner Theater-
welt unterstützt. Seit 1594 arbeitete er für die von Elisabeth I. protegierte Theatercompagnie *Lord Chamberlain's
Men* und wurde später deren Teilhaber. Ende der neunzi-
ger Jahre beteiligte sich Shakespeare am Bau eines neuen
Theaters am Südufer der Themse: das berühmte Globe
Theatre entstand, dem Namen nach angelehnt an den prä-
genden Theatergrundsatz der Renaissance, nämlich *Die
ganze Welt ist Bühne und alle Frau'n und Männer bloße
Spieler*. Das Globe brannte im Jahr 1613 vollständig nieder, und wie viele Dokumente dabei auch über William
Shakespeare vernichtet wurden, ist nicht abzuschätzen.

Unsere veränderten Rezeptionsgewohnheiten lassen uns
die Quellenlage über Shakespeare als unzureichend emp-
finden, weil wir seit dem Geniekult der Romantik reich-
haltiges biographisches Material über diejenigen, die wir
als »Genie« rezipieren, verlangen. Man verspricht sich Erklärungen für überdurchschnittliche Begabung, und da,
gemessen an unseren heutigen Erwartungen, kaum zeitge-
nössische Quellen, weder Briefe noch persönliche Aufzeichnungen Shakespeares existieren, wurde und wird die
Dichterpersönlichkeit zur Projektionsfläche unserer Fanta-
sien, zum Ursprung von Mythen und Gerüchten. Man
fragt sich, ob Shakespeare, der nicht nur als Intendant des
Globe, sondern auch als Teilhaber des ersten überdachten
Londoner Theaters, des so genannten Blackfriars, berühmt
wurde, überhaupt die ausreichende Bildung besitzen konnte, um die zahlreichen, meist fremdsprachigen Quellentexte
seiner Dramen zu lesen, oder ob er die ihm nachgesagten
Werke tatsächlich selbst geschrieben hat. Es existieren unzählige Verfasserschaftstheorien – die bekannteste weist
auf Francis Bacon als Urheber des Shakespeare-Œuvres
hin –, die den Namen Shakespeare zum Pseudonym uner-

SANTA MARIA MATRICOLARE
Portal an der Südflanke des Doms

kannt bleiben wollender Autoren machen. Als nahezu sicher gilt allerdings, dass Shakespeare nach 1610, nach der Rückkehr in seine Heimat Stratford, die Hauptstadt London noch mindestens drei Mal besuchte und als Koautor der jüngeren Dramatikergeneration weiterhin in Erscheinung trat. William Shakespeare starb im April 1616 in Stratford – als vermögender Privatier, der die Einnahmen seiner erfolgreichen Theaterjahre seit 1597 kontinuierlich in Grundbesitz in und um Stratford angelegt hatte und deshalb ein Ehrenbegräbnis erhielt.

Auf den Spielplänen der Theaterbühnen, in Buchhandlungen und Bibliotheken, in Film und Fernsehen ist er noch heute unser Zeitgenosse. Shakespeare gehört wie kaum jemand sonst zur kulturellen Allgemeinbildung. Zwar hat er Brennpunktthemen der Elisabethanischen Zeit verarbeitet: seine Königsdramen beispielsweise fokussieren jene als Rosenkriege bezeichneten Kriege zwischen zwei Parteien des englischen Königshauses: Lehrstoff im friedlichen, »Goldenen« Zeitalter Elisabeths I. Aber dass sich neben *Richard III.* oder *Heinrich IV.* auch Shakespeares übrige auf die damalige Zeit bezogenen Dramen bis heute bewahrt haben und nicht selten durch aktualisierte Interpretationen in einen zeitgenössischen Kontext gestellt werden, bedeutet wohl, dass sie eine Faszination besitzen, die Theatermacher und Publikum bis heute bewegen …

SERGE PROKOFIEFF 1891-1953

Serge Prokofieff, 1891 in Sonzowka geboren, erhielt bereits in der ukrainischen Provinz den ersten professionellen Musikunterricht. Dreizehnjährig bestand er die Aufnahmeprüfung am St. Petersburger Konservatorium und studierte dort (u. a. bei Glasunow, Rimski-Korsakow, Tanejew oder Anna Jessipowa) die Schwerpunkte Klavier und Dirigieren. In Prokofieffs Studienzeit fielen nicht nur die Unruhen der russischen Bürgeraufstände des Jahres 1905, sondern auch heftige Auseinandersetzungen zwischen der musikalischen Avantgarde und den Vertretern der traditionellen Schule. Im St. Petersburger ›Laboratorium der Moderne‹ langweilten ihn die veralteten Methoden seiner Lehrer: »Ich habe immer die Notwendigkeit gefühlt, selbständig zu denken und meinen Ideen zu folgen. Immer wieder geriet ich mit meinen Professoren aneinander, insofern als ich niemals etwas nur deswegen tun wollte, weil es die Regel verlangte.«

Prokofieff avancierte nach seinem Examen schnell zum *Enfant terrible* der Musikszene. Seit 1910 trat er öffentlich auf und machte sich insbesondere als Pianist mit zwar umstrittenen, aber erfolgreichen Werken einen Namen. Gleichzeitig knüpfte Prokofieff Kontakte zur westeuropäischen Kulturwelt. 1913 reiste er in die Zentren Paris und London, traf Igor Strawinsky und Serge Diaghilew: »In London war alles so interessant, dass ich gar nichts von dem Herannahen des Krieges bemerkte.« Prokofieff wurde nicht zum Militärdienst verpflichtet; während des Ersten Weltkrieges konnte er sich ganz seiner Arbeit widmen. Auch einen Großteil des Jahres 1917 verbrachte er auf dem Lande, und vor dem Hintergrund der politischen

Süddeutschland, um 1600
MERKUR UND PSYCHE

Gianlorenzo Bernini
APOLL UND DAPHNE

Umwälzungen des Krieges und den Unsicherheiten der Oktoberrevolution verließ er 1918 die Sowjetunion. »Von dem Elan und der Bedeutung der Oktoberrevolution besaß ich keine klare Vorstellung. [...] Solange in Russland nicht der Sinn nach Musik stand, müsste in Amerika die Möglichkeit vorhanden sein, viel zu sehen und zu lernen sowie meine Werke zu zeigen.« Prokofieff plante lediglich einen kurzfristigen Auslandsaufenthalt und blieb russischer Staatsbürger, führte aber dennoch fast zwanzig Jahre lang ein unstetes, von Konzert- und Gastspielreisen in alle Welt geprägtes Leben. Seine Erwartungen, in den Vereinigten Staaten die russischen Erfolge fortsetzen zu können, erfüllten sich allerdings nicht: »Amerika war für neue Musik nicht erwachsen genug.« Prokofieff zog 1922 ins bayerische Ettal, 1923 nach Paris.

Inzwischen wurden in der Sowjetunion mehrere seiner Werke zur Aufführung gebracht, und 1927 reiste der Komponist erstmals wieder in seine Heimat: der Auftakt einer längeren Folge von Besuchen. 1933 nahm Prokofieff, noch mit festem Wohnsitz in Paris, die Lehrtätigkeit am Moskauer Konservatorium auf und siedelte 1936 mit seiner Frau Lina Llubera und seinen beiden Söhnen endgültig in die Sowjetunion über: »Die Luft der Fremde bekommt meiner Inspiration nicht, weil ich Russe bin [...]. Ich muss mich wieder in die Atmosphäre meines Heimatbodens einleben.«

Gleichfalls aber kehrte Prokofieff in ein von Josef Stalin diktiertes Kunst- und Kulturleben zurück, und ideologische Eingriffe betrafen unmittelbar auch ihn: der Musikverband RAPM vereitelte 1929 am Bolschoi-Theater unter dem Vorwurf westlicher, »konspirativer« Einflüsse Proben zu seinem Ballett *Der stählerne Schritt*. Jedoch sicherte ihm die russische Regierung in einer Zeit, in welcher der noch in den zwanziger Jahren rege praktizierte Kulturaustausch zwischen der Sowjetunion und dem westlichen Ausland unterbunden und alles Westliche als staatsfeindlich ausgegrenzt wurde, das Privileg, weiterhin ins Ausland reisen zu dürfen. Tatsächlich billigte die Partei Prokofieffs Schaffen der späten dreißiger Jahre. Die Führungsspitze verlieh ihm mehrere Auszeichnungen, und im Gegensatz zu vielen anderen russischen Intellektuellen blieb er im ersten Jahrzehnt nach seiner Rückkehr von direkten Repressalien verschont. Kriegsbedingt (während der deutschen Invasion wurden die Moskauer und Leningrader Kultureinrichtungen in die Provinz evakuiert) siedelte Prokofieff mit seiner neuen Lebensgefährtin, der Dichterin Mira Mendelsohn, 1941 ins kaukasische Nalchik, später nach Tiflis und Alma-Ata über, 1943 kehrten beide nach Moskau zurück. Im Januar 1945 trat Prokofieff bei der Uraufführung seiner *Fünften Sinfonie* zum letzten Mal als Dirigent vor sein Publikum; kurze Zeit später zog er sich eine schwere Gehirnerschütterung zu: der Beginn lang anhaltender gesundheitlicher Probleme.

Fast parallel wendete sich sein politisches Schicksal. Im Februar 1948 warf die russische Regierung Prokofieff staatsfeindlichen, volksfremden Formalismus vor – Konsequenzen der nach Kriegsende erneut erhobenen Forderungen nach Sozialistischem Realismus, nach tonaler und einfacher Musik. Bereits zuvor waren mehrere seiner Werke von den Spielplänen verschwunden; nun traf fast alle Arbeiten die Zensur. Unter dem Druck stalinistischer Kulturpolitik reagierte Prokofieff selbstkritisch: »Ich [habe] viel über die Stilmittel in meiner Musik nachgedacht und bin zu der Erkenntnis der Fehlerhaftigkeit eines solchen Weges gekommen.« Allerdings gelang es Prokofieff, sich mit einigen seiner späten Kompositionen offiziell zu rehabilitieren. Aufgrund gesundheitlicher Probleme zog er sich in den letzten Lebensjahren mehr und mehr aus dem gesellschaftlichen Leben zurück. Im Oktober 1952 erschien er anlässlich der Uraufführung seiner Siebenten Sinfonie zum letzten Mal in der Öffentlichkeit.

Serge Prokofieff starb am 5. März 1953 in Moskau: ein Komponist, dem man in seiner russischen Heimat aufgrund langer Aufenthalte in Westeuropa und in den USA eine volksfeindliche konspirative Haltung unterstellte, der im westlichen Ausland jedoch als ein der Doktrin des Sozialistischen Realismus verhafteter Künstler kritisiert wurde. Jenseits aller politisch motivierten Interpretationen zeichnet sich seine Musik durch einen breit gefächerten musikalischen Reichtum aus, was eine eindeutige Bestimmung seines Stils unmöglich macht.

Werkchronologie (Auswahl) | 1908: Sinfonie e-Moll | 1911/12: Erstes Klavierkonzert | 1912/13: Erste Klaviersonate, Zweites Klavierkonzert | 1915: Skythische Suite | 1915-17: *Der Narr* (Ballett), *Der Spieler* (Oper), Erstes Violinkonzert, Erste Sinfonie | 1917-21: Drittes Klavierkonzert | 1919: *Die Liebe zu den drei Orangen* (Oper) | 1924: Zweite Sinfonie | 1925/26: *Der stählerne Schritt* (Ballett) | 1928: *Der verlorene Sohn* (Ballett), Dritte Sinfonie | 1929/30: Vierte Sinfonie, Erstes Streichquartett | 1935/36: Zweites Violinkonzert, *Romeo und Julia* (Ballett) | 1936: Filmmusik zu *Boris Godunow* und *Eugen Onegin*, *Peter und der Wolf*, Kantate zum 20. Jahrestag der Oktoberrevolution | 1939/40: *Cinderella* (Ballett), *Semjon Kotko* (Oper), *Die Verlobung im Kloster* (Oper), Erste Violinsonate | 1941-44: *Krieg und Frieden* (Oper), Filmmusik zu *Iwan der Schreckliche*, Zweites Streichquartett | 1945: Fünfte Sinfonie, Ode auf das Ende des Krieges | 1945 bis 1947: Sechste Sinfonie | 1948-50: *Das Märchen von der steinernen Blume* (Ballett) | 1952: Siebente Sinfonie.

ROMEO UND JULIA

Chronologie einer Stoffgeschichte

Shakespeares Quellen und Vorgänger

1313 Dante Alighieri, *Divina Commedia*. Im *Purgatorio* werden Auseinandersetzungen verfeindeter Adelsgeschlechter in Cremona beschrieben. Sie tragen die Namen Cappelletti und Montecchi.

1476 Tommaso Masuccio, *Il Novellino*. In der Novellensammlung wird die Geschichte zweier Liebender aus feindlichen Familien in ihren wesentlichen Zügen ausgebreitet, die Handlung spielt allerdings in Siena und die beiden Liebenden heißen Mariotto und Giannozza.

1524 Luigi da Porto, *Istoria novellamente ritrovata di due nobili amanti/Geschichte von zwei Liebenden aus vornehmem Haus*. Diese Novelle hat ihren Schauplatz in Verona, die Liebenden tragen die Namen Romeo Montecchi und Giulia Cappelletti, hier sind erstmalig die Motive der verfeindeten Familien (wie bei Dante) und der heimlichen Heirat (wie bei Masuccio) miteinander verknüpft.

1553 Clitia (d. i. Gherardo Boldieri), *L'infelice Amore de due Fedelissimi amanti Giulia e Romeo (Die unglückliche Liebe der zwei am treuesten Liebenden Julia und Romeo)*, Gedicht.

1554 Matteo Bandello, *Romeo e Giulietta*. In seiner Erzählung *Unglücklicher Tod zweier glücklos Liebender, von denen eins durch Gift, das andere durch Schmerz starb* ist das Stelldichein der Liebenden vor der Trauung in Julias Zimmer neu, Bandello führt die Amme als Julias Betreuerin ein.

1559 Boaistuau, Übertragung der Erzählung Bandellos

ins Französische: *Histoires tragiques.* Ausstrahlungspunkt für die Rezeption in Nordeuropa, in der moralisierend die zerstörerische Macht der Leidenschaft vorgeführt wird.

1560 Châteauvieux, *Roméo et Juliette.* Tragödie unter Verwendung französischer Quellen, vor allem an Boaistuau angelehnt.

1562 Arthur Brooke, *The Tragicall Historye of Romeus and Juliet.* In seiner moralisierenden Verserzählung, angeregt von Boaistuau, führt der Brite Brooke anhand der Liebesgeschichte von Romeo und Julia vor, welches Schicksal junge Menschen erwartet, wenn sie die »Gottlosigkeit« begehen, den Rat der Eltern zu missachten.

1567 William Painter, *The goodly history of the true and constant love between Rhomeo and Julietta,* veröffentlicht in seiner Novellensammlung *The Palace of Pleasure.*

1578 Luigi Groto, *La Hadriana,* ein klassizistisches Trauerspiel mit Chören.

1594 Girolamo della Corte, nimmt die Geschichte als wahre Begebenheit in seine *Istoria di Verona* auf.

1594/95 William Shakespeare, *Romeo and Juliet,* Tragödie. Shakespeare muss die Version Arthur Brookes gekannt haben.

»Romeo und Julia« nach Shakespeare

Anfang 17. Jahrhundert deutsche Wandertruppen spielen frei nach Shakespeares und anderen, allerdings ungesicherten Textvorlagen.

1602 Lope de Vega, *Castelvines y Monteses.* Dieses Schauspiel hat einen versöhnlichen Ausgang, denn Julia erscheint ihrem Vater in der Verkleidung eines Gespenstes und erhält von ihm die Einwilligung zur Vermählung mit Roselo.

1615 J. Caesar, *Glücks- und Liebeskampf.* Wohl die erste deutsche Adaption des Stoffes, übersetzt nach Boaistuau.

PALAZZO MAFFEI

1650 Francisco de Rojas Zorilla, *Los Bandos de Verona*, Drama.

1649 Philip Harsdörfer, *Die verzweifelte Liebe*, in: *Der große Schauplatz jämmerlicher Mordgeschichte*, 5./6. Teil, eine moralisierende Sammlung von Exempeln.

1654/57 J. Masen, *Palaestra eloquentiae ligatae*, Jesuiten-drama, in dem der Stoff als moralisches Exempel für die zerstörerische Leidenschaft der Liebe gezeigt wird.

1669 Anonymus, *Schauplatz der Verliebten*. Hier ist das Motiv enthalten, dass Julia in Männerkleidern Romeo nachreisen soll.

1671 J. F. S. Mercurius, *Keuscher Liebe Sitten-Schule*.

1767 Christian Felix Weiße, *Romeo und Julia*, Bürgerliches Trauerspiel.

1772 Jean-François Ducis, *Roméo et Juliette*, Tragödie nach Shakespeare.

1808 Joseph Ferdinand Kringsteiner, *Romeo und Julia*, Quodlibet von Charakteren mit Gesang, Musik: Ignatz Schuster, eine der wenigen erhaltenen Travestien in der Tradition der Wiener Volkskomödie.

1856 Gottfried Keller, *Romeo und Julia auf dem Dorfe*, Novelle.

1946 Jean Anouilh, *Romeo et Jeannette*, Schaupiel.

1956 Peter Ustinov, *Romanoff and Juliet*, Komödie.

1975 Ephraim Kishon, *Es war die Lerche*, Komödie.

»Romeo und Julia« in der Musik

1750 Thomas Augustine Arne, *Dirge in Romeo and Juliet*, (»dirge«, engl., Grablied, Trauerfeier).

1774 Sigismund Freiherr von Rumling, seine französisch orientierte Fassung wird auf Schloss Karlsberg bei München aufgeführt.

1776 Georg Benda (Musik) und Friedrich Wilhelm Gotter (Libretto), *Romeo und Julia*, Schauspiel mit Gesang. Die erste deutsche *Romeo-und-Julia*-Bearbeitung mit Musik endet nicht tragisch, da Romeo zuletzt entdeckt, dass Julia nicht tot ist.

1782 Joseph Gotthard Schwanberg (Hofkapellmeister in Braunschweig) legt eine Fassung vor.

1784 Luigi Marescalchi, *Giuliette e Romeo*, Oper. Libretto: Giuseppe Foppa.

1792 Nicolas Dalyrac, *Tout pour l'amour ou: Roméo et Juliette*, Singspiel, Libretto: Jacques-Marie Monvel.

1793 Daniel Steibelt, *Roméo et Juliette*, Oper. Libretto: Joseph-Alexandre-Pierre de Ségur.

1796 Antonio Zingarelli, *Giulietta e Romeo*, tragedia per musica. Libretto: Giuseppe Foppa.

1810 Pietro Carlo Guglielmo, *Romeo e Giulitta*, Oper.

1825 Niccola Vaccaj, *Giulietta e Romeo*, Oper. Libretto: Felice Romani.

1826 Manuel del Popolo Vicente Garcías, *Giulietta e Romeo*, Oper.

1830 Vincenzo Bellini, *I Capuleti e i Montecchi*, Oper. Libretto: Felice Romani.

1832 Melchior-Frédéric Solié, *Roméo et Juliette*, Oper.

1839 Hector Berlioz, *Roméo et Juliette*, dramatische Symphonie. Text: Emil Duchamps.

1862 Anton Maria Storch, *Romeo und Julia*, burleske Operette in einem Akt, Libretto: J. Forst.

1863 Malesio Morales, *Romeo y Julieta*, Oper. Libretto: Felice Romani.

1864 Richard d'Ivry, *Les Amants de Vérone*, Oper.

1865 Filippo Marchetti, *Romeo e Giulietta*, Oper. Libretto: Marco Marcelliano Marcello.

1867 Charles Gounod, *Roméo et Juliette*, drame lyrique. Text: Jules Barbier und Michel Carré.

Francesco Carradori
BACCHUS UND ARIADNE

1868 Richard Wagner, *Zwei Skizzen für ein Orchesterwerk über ›Romeo und Julia‹*.

1869 Peter I. Tschaikowsky, *Romeo und Julia*, Fantasie-Ouvertüre.

1874/75 Jules Massenet, Entr'acte in *Scènes dramatiques*, Orchestersuite.

1887 Richard Strauss, Bühnenmusik zu Shakespeares *Romeo und Julia*.

1907 Frederick Delius, *Romeo und Julia auf dem Dorfe*, Lyrisches Drama. Text: Jack Delius nach Gottfried Keller.

1916 John Edmund Barkworth, *Romeo and Juliet*, Oper. Text nach William Shakespeare.

1922 Riccardo Zandonai, *Giulietta e Romeo*, Oper. Libretto: Arturo Rossato und Nicola D'Atri.

1937 Serge Prokofieff, *Romeo und Julia*, zehn Klavierstücke.

1940 Heinrich Sutermeister, *Romeo und Julia*, Oper. Text nach William Shakespeare.

1947 Boris Blacher, *Romeo und Julia*, Szenisches Oratorium, Text nach William Shakespeare.

1956/57 Duke Ellington, *The star-crossed lovers*, in: *Such Sweet Thunder*, Suite für Jazz-Orchester.

1957 Leonard Bernstein, *West Side Story*, Buch: Arthur Laurents, Gesangstexte: Stephen Sondheim.

1962 Jan F. Fischer, *Romeo und Julia und die Finsternis*, Oper. Text nach Jan Otčenašek.

1975/76 Hans Werner Henze, *First Sonata on Shakespeare's Characters* in: *Royal Winter Music*.

1990 Ephraim Kishon, *Es war die Nachtigall*, Musical. Musik: Dov Seltzer, Liedtexte: Yvette Kolb.

1992 Udo Lindenberg, *Romeo und Juliaaah*, auf der CD *Panik-Panther*.

»Romeo und Julia« im Bühnentanz

1785 Eusebio Luzzi, Choreograph, erarbeitet den Stoff als fünfaktiges Ballett erstmals für die Tanzbühne in Venedig.

1811 Vincenzo Galeotti (eigentlich Tomaselli), Ballett für das Königlich Dänische Ballett in Kopenhagen zur Musik von Claus Schall. Das wesentliche Motiv der Familienfehde wurde ausgelassen, die Rollen der jungen Liebenden waren gemäß der damals herrschenden Bühnenhierarchie Tänzern in schon vorgerücktem Alter übertragen, die Darsteller der Julia und des Romeos waren vierzig beziehungsweise fünfzig Jahre alt.

1924 Jean Cocteau, Ballett zur Musik von Peter I. Tschaikowsky.

1926 Bronislawa Nijinska und George Balanchine, Ballett zur Musik des englischen Komponisten Constant Lambert für die Ballets Russes.

1938 Tatjana Gsovsky, Ballett zur Musik von Peter I. Tschaikowsky, Städtische Oper Berlin.

1938 Ivo Váňa Psota, Ballett zur Musik von Serge Prokofieff. Libretto: Leonid Lawrowski/Serge Prokofieff. Uraufführung des Prokofieff-Balletts in Brünn.

1940 Leonid Lawrowski, Ballett zur Musik von Serge Prokofieff. Libretto: Leonid Lawrowski/Serge Prokofieff/Sergej Radlow. Historische Erstaufführung des umgearbeiteten Prokofieff-Balletts in St. Petersburg.

1942 Tatjana Gsovsky, *Die Liebenden von Verona*, Ballett zur Musik von Leo Spies, Oper Leipzig.

1943 Antony Tudor/Frederick Delius/New York.

1944 Birgit Cullberg/Serge Prokofieff/Stockholm.

1946 Serge Lifar/Peter I. Tschaikowsky/Paris.

1948 Tatjana Gsovsky/Serge Prokofieff/Deutsche Staatsoper Berlin/deutsche Erstaufführung.

1950 Birger Bartholin/Peter I. Tschaikowsky/Königlich Dänisches Ballett.

1950 Saša Machov/Serge Prokofieff/Nationaltheater Prag.

1955 Frederick Ashton/Serge Prokofieff/Kopenhagen.

1955 Serge Lifar/Serge Prokofieff/Pariser Oper.

1955 George Skibine/Hector Berlioz/Paris.

1956 Boris Pilato/Serge Prokofieff/Bonn/westdeutsche Erstaufführung.

1962 John Cranko/Serge Prokofieff/Stuttgarter Ballett.

1963 Lilo Gruber/Serge Prokofieff/Deutsche Staatsoper Berlin.

1965 Rudolf Nurejew/Serge Prokofieff/London Festival Ballet.

1965 Kenneth MacMillan/Serge Prokofieff/Royal Ballet London.

1965 Oleg Winogradow/Serge Prokofieff/Nowosibirsk.

1966 Erich Walter/Hector Berlioz/Wuppertal.

1966 Nicholas Beriozoff/Serge Prokofieff/Zürich.

1966 Maurice Béjart/Hector Berlioz/Brüssel.

1967 Rudi van Dantzig/Serge Prokofieff/Amsterdam.

1971 John Neumeier/Serge Prokofieff/Frankfurt Ballett.

1972 Erich Walter/Serge Prokofieff/Duisburg–Düsseldorf.

1972 Nikolai Bojartschikow/Serge Prokofieff/Perm.

1973 Oleg Winogradow/Serge Prokofieff/Leningrad.

1975 Rudolf Nurejew/Serge Prokofieff/Royal Ballet London. (auch: 1980 Mailänder Scala/1984 Pariser Oper).

1977 Oscar Araiz/Serge Prokofieff/Joffrey Ballet.

1977 Heinz Spoerli/Serge Prokofieff/Basler Ballett.

1978 Juri Grigorowitsch/Serge Prokofieff/Pariser Oper (auch: 1979 Bolschoi-Theater Moskau).

1981 Hermann Rudolph/Serge Prokofieff/Deutsche Staatsoper Berlin.

1984 Tom Schilling/Serge Prokofieff/Komische Oper Berlin.

1985 Frederick Ashton/Serge Prokofieff/London Festival Ballet.

1985 László Seregi/Serge Prokofieff/Budapest.

1990 Angelin Preljocaj/ (basierend auf der Musik von Serge Prokofieff und elektronischer Musik von Goran Vejvoda)/ Lyon.

1996 Jean-Christophe Maillot/Serge Prokofieff/Monte Carlo.

1997 Youri Vámos/Serge Prokofieff/Düsseldorf.

Reinhold Begas ELEKTRISCHER FUNKE

»Romeo und Julia« im Film

1908 *Romeo and Juliet*, (11 Min.) Stummfilm, USA.

1916 John W. Noble, *Romeo and Juliet*, Stummfilm, USA.

1920 Ernst Lubitsch, *Romeo und Julia im Schnee*, Stummfilm, Deutschland.

1926 Hal Roach, *Bromo and Juliet*, Filmkomödie, USA.

1936 George Cukor, *Romeo and Juliet*, USA, mit Leslie Howard, Norma Shearer, John Barrymore.

1940 *Shakespearean Spinach*, Zeichentrickfilm (7 Min.) mit Popeye.

1944 Kamal Selim, *Roméo et Juliette*, Ägypten.

1948 Akthar Hussain, *Aujuman*, Indien.

1954 Renato Castellani, *Romeo and Juliet/Giulietta e Romeo*, GB/Italien mit Laurence Harvey und Susan Shentall.

1954 Leo Arnstam, *Romeo i Djuletta (Der letzte Tanz von Romeo und Julia)*, UdSSR. Musik: Serge Prokofieff.

1960 Peter Ustinov, *Romanoff and Juliet*, Verfilmung seines Bühnenstücks, USA.

1961 Robert Wise und Jerome Robbins, *West Side Story*, USA.

1968 Franco Zeffirelli, *Romeo und Julia*, Italien/GB mit Howard Whiting and Olivia Hussey.

1978 Alvin Rakoft, *Romeo and Juliet*, Fernsehfilm, GB.

1996 Baz Luhrmann, *Romeo and Juliet*, USA, mit Leonardo DiCaprio und Claire Danes.

Francesco Carradori
BIBLIS UND KAUNUS

Horst Koegler | Studierte in Kiel und Halle/Saale. Freischaffender Journalist für Musiktheater 1951-77 in Berlin und Köln. Musikredakteur der ›Stuttgarter Zeitung‹ 1977-92. Seither wieder Journalist für Oper und Tanz bei in- und ausländischen Zeitungen und Zeitschriften. Autor von *Friedrichs Ballettlexikon von A-Z* (1972), *The Concise Oxford Dictionary of Ballet* und Koautor von *Reclams Ballettlexikon* (1984). Er ist im Internet zu erreichen unter der Adresse: www.tanznetz.de/koegler/koegler.phtml.

Sandra Meinzenbach studiert Theaterwissenschaft und Kunstgeschichte an der Universität Leipzig.

Carsten Niemann M. A., studierte Musikwissenschaft, Deutsche Literatur und Publizistik in Kiel, London und Berlin. Er lebt als Musikjournalist und freier Autor in Berlin.

Prof. Georg Quander ist Intendant der Staatsoper Unter den Linden.

Iris Radisch studierte Germanistik, Philosophie und Romanistik in Tübingen und Frankfurt/Main. Sie ist Redakteurin im Ressort Feuilleton und Literatur der »Zeit« und gehörte zum »Literarischen Quartett« des ZDF.

Julien Salemkour ist als Kapellmeister und Assistent des Generalmusikdirektors Daniel Barenboim an der Staatsoper Unter den Linden engagiert.

Dr. Christiane Theobald ist Ballettbetriebsdirektorin und Ballettdramaturgin an der Staatsoper Unter den Linden.

Die Artikel von Horst Koegler, Carsten Niemann und Julien Salemkour sind Originalbeiträge für dieses Programmbuch. Den Artikel von Iris Radisch drucken wir mit der freundlichen Genehmigung der Autorin und des MERIAN/Jahreszeitenverlags. Georg Quanders Beitrag erschien bereits im Programmbuch *I Capuleti e i Montecchi*, hrsg. von der Staatsoper Unter den Linden Berlin 1993, der Verfasser hat ihn zur Ballettproduktion *Romeo und Julia* ausführlich erweitert. Die Kurzbiographien von William Shakespeare und Serge Prokofieff sowie die Notizen zu den Figuren verfasste Sandra Meinzenbach. Das Glossar »Who's who bei Shakespeares *Romeo und Julia*« bezieht sich auf die Personenführung bei Shakespeare. Die Shakespeare-Zitate entsprechen der Übersetzung von Herbert Geisen. Die Notenbeispiele im Artikel von Julien Salemkour fertigte Matthias Wilke, Mitglied der Staatskapelle Berlin, an, das diesen Artikel ergänzende Szenarium der Partitur Prokofieffs übersetzte Julia Lukijanova aus dem Russischen. Die Stoff-Chronologie *Romeo und Julia* ist keineswegs als eine in allen Belangen vollständige Dokumentation zu verstehen und basiert auf folgender Literatur: Oscar James Campbell, *A Shakespeare Encyclopedia*, London 1966; Carl Dahlhaus (Hg.), *Riemann Musiklexikon*, Ergänzungsband Personenteil, Mainz 1972; Elisabeth Frenzel, *Stoffe der Weltliteratur. Ein Lexikon dichtungsgeschichtlicher Längsschnitte*, Stuttgart 1998; *International Dictionary of Ballet*, Detroit/London 1993; *International Encyclopedia of the Dance*, hrsg. von Selma Jeanne Cohen, Oxford/New York 1998; *Musik in Geschichte und Gegenwart*, Kassel/Stuttgart 1961; *Pipers Enzyklopädie des Musiktheaters*, München 1989; Programmbuch *Vincenzo Bellini: I Capuleti e i Montecchi – Romeo und Julia*, Staatsoper Unter den Linden Berlin 1993; Hugo Riemann, *Opernhandbuch*, Leipzig o. J., Reprint Hildesheim 1979; Ina Schabert, *Shakespeare-Handbuch. Die Zeit – Der Mensch – Das Werk – Die Nachwelt*, Stuttgart 2000; William Shakespeare, *Romeo und Julia*, Band 5 der Gesamtausgabe in der Neuübersetzung von Frank Günther, Cadolzburg 2000, (Anhang *Romeo und Julia* in der Musik und im Film).

Hermann Danuser, Juri Cholopow und Michail Tarakanow (Hg.), *Sergej Prokofjew. Beiträge zum Thema, Dokumente, Interpretationen, Programme, Das Werk*, Duisburg 1990.

Enciclopedia dello spettacolo, Rom 1961, Stichwort ›Shakespeare‹.

Levi Fox, *The Shakespeare Handbook*, London 1987.

Israil Nestjew, *Prokofjew. Der Künstler und sein Werk*, Berlin 1962.

Alan Posener, *William Shakespeare*, Reinbek bei Hamburg 2001.

Sergej Prokofjew, *Dokumente, Briefe, Erinnerungen*, Leipzig 1981.

Sergej Prokofjew, Ausgabe sämtlicher Werke Band 8A, *Romeo und Julia*, Partitur, Moskau 1961.

Eberhard Rebling, *Ballett gestern und heute*, Berlin 1957.

Natalja Pawlowna Sawkina, *Sergej Sergejewitsch Prokofjew*, Berlin 1984.

Thomas Schipperges, *Sergej Prokofjew*, Reinbek bei Hamburg 1995.

William Shakespeare, *Romeo and Juliet/Romeo und Julia*, Englisch/Deutsch, übersetzt und herausgegeben von Herbert Geisen, Stuttgart 1994.

William Shakespeare, *Romeo und Julia*, in der Übersetzung von August Wilhelm Schlegel, Leipzig 1983.

William Shakespeare, *Sämtliche Dramen*, München 1993.

Friedbert Streller, *Sergej Prokofjew*, Leipzig 1960.

Ulrich Suerbaum, *Das Elisabethanische Zeitalter*, Stuttgart 1989.

Stanley Wells (Hg.), *Romeo and Juliet and its afterlife*, Band 49 des *Shakespeare Survey, An Annual Survey of Shakespeare Studies and Production*, Cambridge 1996.

Christiane Zschirnt, *Shakespeare-ABC*, Leipzig 2000.

im Internet: www. sprkv.net
(Website der Prokofiev Association London)
www.deslit.de/shakespeare/romeo.htm
(*Das kleine Shakespeare-Brevier*)

Die Fotografien von Verona sind dem Fotoband G. Paolo Marton, *Verona*, Texte von Klaus Zimmermanns, München 1991, entnommen. Wir danken G. Paolo Marton für die freundliche Nachdruckgenehmigung.

G. Paolo Marton lebt und arbeitet im oberitalienischen Treviso als Architektur-Fotograf. Zu seinen Veröffentlichungen gehören international verlegte Fotobände über Rom, über die Villen im Veneto, über Palladio oder über Venezianische Paläste. Seine Monographien über Verona und Antonio Canova wurden in mehrere Sprachen übersetzt. In jüngster Zeit hat er den Band *Burgen und Schlösser in Deutschland* herausgebracht.

Wir danken **Prof. Arne Effenberg** und **Dr. Volker Krahn**, Skulpturensammlung und Museum für Byzantinische Kunst, Staatliche Museen Preußischer Kulturbesitz Berlin, für die Überlassung des Bildmaterials.

IST LIEBE ETWAS ZARTES?
SIE IST ZU RAU, ZU GROB, ZU LÄRMEND,
UND SIE STICHT WIE EIN DORN.

Romeo, I · 4